ADAC Reiseführer

Mecklenburg-Vorpommern

Ostseeküste Rügen Seenplatte

Von Christiane Petri

EIN ADAC BUCH

Inhalt

Die Freiheit gechartert – mit dem Ausflugsboot auf dem Schweriner See

Hält Wacht seit mehr als 100 Jahren – Timmendorfer Leuchtturm auf der Insel Poel

Ostseeküste und Inseln in Vorpommern – vom Meer umarmt 46

Güstrow und die Mecklenburgische Schweiz – grünhügelig und seenreich 81

Mecklenburgische Seenplatte – Land der stillen Wasser 91

Dicht bei dicht, Korb an Korb – und doch ein Paradies: Sellin auf Rügen

Glanz und Gloria in der fürstlichen Residenz Ludwigslust

Radwandern in der Hiddenseer Heidelandschaft

Dies und Das

Ein Schiff wird kommen

Mecklenburg-Vorpommern aktuell A bis Z

Lust auf Einkauf?

Ein Paradies in der Provinz

»Und wohin, liebe Leute?
Wohin anders als nach Mecklenburg!«
Emanuel Hartenstein, 1780

Mecklenburg-Vorpommern ist ein Land zum Durchatmen. Wer einmal auf einer entlegenen Landstraße anhält, der spürt die naturhafte Stille bis unter die Haut. Kraftvoll sind die Farben, aus denen eine mecklenburgische Sommerlandschaft komponiert ist. Leuchtend gelb zieht sich der Rapsfeld-Teppich bis zum Horizont, hineingebettet ist ein tiefrotes Backsteingehöft, umgeben von sattgrünen Bäumen. Über allem spannt sich ein strahlend blauer Himmel, meist dramatisch mit dicken Tupferwolken versehen.

Schon immer faszinierte Mecklenburg-Vorpommern Menschen, die es eher besinnlich mögen. Nicht ohne Grund fanden zu allen Zeiten **Literaten** wie Fritz Reuter, Gerhart Hauptmann, Hans Fallada, Uwe Johnson, Christa Wolf und Walter Kempowski hier ebenso Inspiration wie große **bildende Künstler**, darunter Caspar David Friedrich, Philipp Otto Runge und Ernst Barlach.

Ein Urlaubsland wie aus dem Bilderbuch

Mecklenburg-Vorpommern (das sich norddeutsch mit langem e vor dem ck spricht) ist kein wohlhabendes Bundesland. Bis auf die ohnehin schwer angeschlagenen Ostseewerften und einige Wirtschaftsbetriebe in Schwerin und Neubrandenburg kann von Industrialisierung kaum die Rede sein. Wichtigste Gewerbezweige sind die **Land- und Forstwirtschaft** und die Verarbeitung ihrer Produkte sowie die Zulieferindustrie für den **Schiffbau**. Nennenswerte Bodenschätze gibt es nicht, in manchen Dörfern und Kleinstädten weitab vom Schuss herrscht bis zu 30% Arbeitslosigkeit. Doch das Potenzial dieses Landes mit der geringsten Bevölkerungsdichte in ganz Deutschland ist ein anderes – es ist die Natur selbst. Was liegt da näher, als sich auf die hauseigenen Stärken zu besinnen und die **touristische Infrastruktur** zu befördern? Mecklenburg-Vorpommern ist ein ideales Urlaubsland. Die Sommer sind meist trocken und heiß, die Winter knackig kalt. Vom einfachen Campingplatz direkt am Seeufer bis zum luxuriösen Schlosshotel steht dem Besucher mittlerweile ein breites Spektrum an Unterkünften zur Verfügung. Angelruten, Fahrräder und Boote jeder Größe kann man überall leihen. Das Angebot für sportliche und kulturelle Freizeitaktivitäten ist enorm. Ganz gleich, ob man wandern, Rad fahren, segeln,

surfen, paddeln und Golf spielen, Museen, Theater und alte Herrenhäuser besuchen oder einfach nur faul am Strand liegen will – das Land bietet für jeden etwas.

Oben: *Sand voller Körbe – ein Sommertag am Strand von Binz auf Rügen*

Links: *Rapsblüte – herrliche Alleen durchziehen weite Felder: Ein Land aus der Schatzkiste der Natur!*

Unten: *Robuste Zier– Backsteingiebel am Neuen Tor (Stadtseite) in Neubrandenburg*

Natur pur, wohin man schaut

Dem Besucher präsentiert sich Mecklenburg-Vorpommern nicht als Land aus einem Guss, sondern eher als Anhäufung der unglaublichsten Idyllen – und genau das macht seine große Anziehungskraft aus. Im Norden ziehen die alten **Hansestädte** Wismar, Rostock und Stralsund mit ihren glanzvollen Baudenkmälern, wahren Wunderwerken der Backsteingotik, und ihrem lärmenden Hafengetriebe in den Bann. Dazwischen liegen

Links: *Stolze Hansestadt Stralsund*

Unten: *Auch Störche fühlen sich wohl in Mecklenburg-Vorpommern*

Rechts: *Traumziel der Ostsee – die Majestät der Kreidefelsen auf Rügen*

Unten Mitte: *Weltberühmt und engelgleich – Barlachs ›Schwebender‹*

Unten rechts: *Es grünt so grün im Schlossgarten von Schwerin*

wie kleine Einsprengsel die traditionsreichen mecklenburgischen **Seebäder** Heiligendamm und Kühlungsborn, in denen im 19. Jh. die deutsche Badekultur ihren Aufschwung nahm und der erste Strandkorb das Licht der Welt erblickte. Ein Paradies der reinsten Bade-, Segel- und Paddellust ist die **Mecklenburgische Seenplatte** rund um die Müritz mit einem Labyrinth von großen, kleinen und allerkleinsten Seen, fast 1000 an der Zahl. Hoch in der Publikumsgunst stehen die **Inseln** der vorpommerschen Ostseeküste. Da ist die Dreiinselgruppe *Fischland-Darß-Zingst*, wo kilometerlange goldgelbe Sandstrände locken, so weit das Auge reicht, und wo man nach heftiger Brandung schon mal ein angeschwemmtes Klümpchen Bernstein – das ›Gold der Ostsee‹ – finden kann. Am Café-Pavillon der legendären Ahlbecker Seebrücke auf *Usedom* treffen sich im Sommer die Feriengäste und schließlich ganz zu schweigen von den weißen Kreidefelsen auf *Rügen*, der ›Insel aller Inseln‹, samt ihrer kleinen Schwester, dem ›söte Länneken‹ (süßen Ländchen) *Hiddensee*. Beschaulich und provinziell, ja fast verschlafen geht es zu im **Klützer Winkel**, wo sanft gehügel-

Sehenswürdigkeiten

Mecklenburger Bucht – Strandkorb-Flair und Hanse-Stolz

Die Route entlang der Mecklenburger Bucht führt über die sog. **Bäderstraße**, womit keineswegs die B 105 gemeint ist, sondern kleinere, manchmal holperig-kurvige Landstraßen, die mehr Natur und Eindrücke vom dörflichen Leben Mecklenburgs bieten. Stets spürt man die leichte Brise und hat den Geruch von Salzwasser und Tang in der Nase, auch wenn das Meer nur hin und wieder zu sehen ist. Aufgereiht wie Perlen an einer Kette liegen zwischen zwei stolzen **Hansestädten** die schönsten und ältesten deutschen **Seebäder**.

Die Reise beginnt in Wismar mit anschließenden Ausflügen in den Klützer Winkel und das Ostseebad Boltenhagen. Über die idyllische Insel Poel und vorbei am Salzhaff geht es zu den Ostseebädern Rerik und Kühlungsborn, dann weiter über Heiligendamm, Bad Doberan und das Ostseebad Nienhagen. Kilometerlange weiße Sandstrände laden hier zum Baden und Spazierengehen ein. Rostock, die landesgrößte Stadt, Warnemünde und das Ostseebad Graal-Müritz in der Rostocker Heide setzen die Schlusspunkte dieser Bäderreise.

TOP TIPP 1 Wismar

Plan Seite 20

Hansestadt mit bezauberndem Altstadtkern.

Wohnhäuser mit schönen Giebelfassaden, kleinen Kneipen und allerlei Geschäftchen prägen das Straßenbild Wismars. Seit 1990 führt die Stadt, die derzeit knapp 50 000 Einwohner zählt, wieder offiziell den Beinamen ›Hansestadt‹. Ihre Haupterwerbszweige sind die Fischerei und der Schiffsbau. 2002 wurde die Altstadt Wismars wegen ihrer einzigartigen Bausubstanz in die Weltkulturerbeliste der UNESCO aufgenommen.

Geschichte Die 1229 erstmals urkundlich erwähnte Stadt Wismar wurde vermutlich von Lübecker Bürgern gegründet. Von 1257 bis 1358 war Wismar Sitz des mecklenburgischen Fürstenhauses. Mit Rostock und Lübeck verband sich die Stadt 1259 gegen die Seeräuberei, aus diesem Bündnis entstand später das ›Wendische Kontor‹ der Hanse, die Wismar Wohlstand brachte. Wismarer Kauf-

›Alter Schwede‹ (Mitte) und Wasserkunst – Highlights auf dem hektargroßen Marktplatz von Wismar ▷

Vorhergehende Doppelseite: *Knallige Farben, schilfgedeckt – in Born auf dem Darß*

leute und Schiffer handelten in Skandinavien, Russland, England, Frankreich, Flandern, Spanien und Portugal. 1631 eroberten schwedische Truppen die Stadt, die 1648 samt der Insel Poel und dem Amt Neukloster an Schweden abgetreten wurde. 1803 von den Schweden lediglich für 100 Jahre an den Herzog von Mecklenburg-Schwerin verpfändet, ging Wismar 1903 endgültig an Mecklenburg.

Um die Wende zum 20. Jh. entstanden bedeutende Firmen in Wismar, so eröffnete 1881 Rudolph Karstadt hier sein Stammhaus. 1934 gründeten die Norddeutschen Dornier-Flugzeugwerke eine Zweigniederlassung, die den Bomber Heinkel He 111 produzierte. Während des Zweiten Weltkriegs war Wismar deswegen Ziel der Royal Air Force, wobei 29 % der Wohnhäuser und 80 % der Fabriken zerstört wurden. Heute steht der gesamte Altstadtkern mit seinen hervorragenden Bauten unter Denkmalschutz.

Besichtigung Von welcher Seite man sich der geschäftigen Hafen- und Handelsstadt auch nähert, immer wird ihre Silhouette von den drei gotischen Hauptkirchen dominiert. Ein Stadtrundgang beginnt günstigerweise an der ruinösen, 1945 ausgebrannten **Georgenkirche** ❶. Noch immer wirkt die dreischiffige Basilika (um 1300, wesentliche Teile 15. Jh.) majestätisch, ihr Wiederaufbau wird etwa 2010 abgeschlossen sein.

Reich geschmückter Fürstenhof

Als eines der bedeutendsten mecklenburgischen Renaissancebauwerke gilt der gegenüberliegende **Fürstenhof** ❷, der in zwei Etappen entstand: Während Herzog Johann Heinrich von Mecklenburg den spätgotischen Westflügel an der Bliedenstraße im Jahre 1513 in Auftrag gab, ließ Herzog Johann Albrecht I. 1555 den Nordflügel, das Neue Haus, durch Baumeister Gabriel von Aken im Stil der italienischen Renaissance anfügen. Der Herzog bezog sein nach Vorbild des herzoglichen Palazzos in Ferrara ausgeführtes Stadtschloss nach seiner Vermählung mit Anna Sophia von Preußen. Heute haben hier das Amtsgericht und das Stadtarchiv ihren Sitz. Bemerkenswert sind vor allem die *Terrakottaplatten* am Neu-

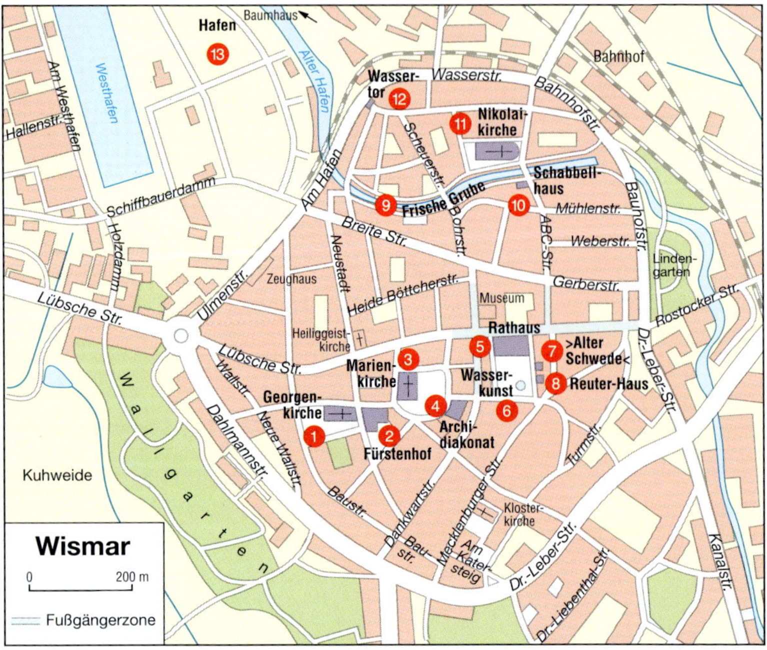

en Haus, die aus der Werkstatt des Lübecker Meisters Statius von Düren stammen. Ein Augenschmaus sind die Rahmungen, Medaillons, Karyatiden und Friese mit Szenen aus dem Trojanischen Krieg (Straßenfront) und dem Gleichnis vom Verlorenen Sohn (Hofseite).

St. Marienkirchhof

Den Fürstenhof überragt der himmelstrebende Turm der **Marienkirche** 3. Die mächtige gotische Basilika, einst nach dem Vorbild der Lübecker Marienkirche erbaut, wurde nach Kriegsschäden abgebrochen. Erhalten blieb nur der 82 m hohe Turm mit Nebenhallen, Turmuhr und Glockenspiel mit 14 verschiedenen Chorälen (tgl. 12, 15 und 19 Uhr). Das gegenüberliegende **Archidiakonat** 4 ist ein schönes Zeugnis norddeutscher Backsteingotik – wenngleich nach Kriegszerstörung wieder aufgebaut.

Fotogene Bauten am Marktplatz

Barocke und klassizistische Giebelhäuser säumen den hektargroßen **Marktplatz** nahebei. Seine Nordseite nimmt das breit gelagerte, klassizistische **Rathaus** 5 ein. Beim Neubau (mit Seitenrisaliten und betontem Mitteleingang) bezog Johann Georg Barca 1817 auch Reste eines gotischen Gebäudes mit ein, die noch in den kreuzrippengewölbten Kellerräumen (hier eine Dauerausstellung zur Stadtgeschichte) sichtbar werden. 1986 wurde hier auch eine Wandmalerei freigelegt, die ein turbulentes Trinkgelage auf einer Kogge darstellt. Renaissancekleinod und Wahrzeichen Wismars ist der zierliche Pavillon der **Wasserkunst** 6 im südöstlichen Marktplatz-Eck. Meister Philipp Brandin aus Utrecht schuf diesen zwölfseitigen Tempietto mit kupfernem Glockendach (1580–1602), eine kunstvolle Verteilstelle der öffentlichen Wasserversorgung, die vom 17. bis Ende des 19. Jh. die Wismarer mit Metelsdorfer Quellwasser versorgte.

Blickfang an der Ostseite des Marktes ist das gotische Giebelhaus **›Alter Schwede‹** 7, eines der ältesten Wismarer Bürgerhäuser (um 1380) mit reich verzierten Fenstern im herrlichen Backstein-Treppengiebel und einer Gaststätte im Inneren. Im rechts anschließenden **Reuter-Haus** 8 richtete Mecklenburgs erfolgreichster Verleger, Dethloff Carl Hinstorff, seine erste eigene Verlagsbuchhandlung ein. 1859 unterzeichnete hier der Volksdichter Fritz Reuter [s. S. 89] seinen ersten Vertrag über die Herausgabe der erfolgreichen plattdeutschen Erzählungen ›Läuschen un Rimels‹ (Erlauschtes und Gereimtes).

Stadtgeschichtliches Museum

Nordwärts erreicht man am Ende der Bohrstraße die **Frische Grube** 9, einen ehemals schiffbaren Graben, der die Grenze zwischen der Altstadt und einer noch älteren Siedlung direkt an der Wismarbucht bildete. Im **Schabbellhaus** 10, an der Schweinsbrücke 8, hat das *Stadtgeschichtliche Museum* (Mai–Okt. Di–So 10–20, Nov.–April 10–17 Uhr, Tel. 28 23 50, Internet: www.schabbellhaus.de) seinen Sitz. Den Bau (1569–71) gab der Ratsherr, Bierbrauer und Bürgermeister Hinrich Schabbell bei Philipp Brandin in Auftrag, den wir schon von der Wasserkunst her kennen. Das eindrucksvolle Brau- und Wohnhaus im Stil der niederländischen Renaissance zeigt die typische Geschossgliederung in Diele, Etagen und Speicher. Die Sammlung stellt besondere Exponate der Stadtgeschichte vor, darunter Gemälde aus der Rubensschule, kostbare Hansekannen und die berühmten, bunt bemalten Schwedenköpfe, die einst die Pfähle der Wismarer Hafeneinfahrt markierten.

Altarwerke in St. Nikolai

Direkt gegenüber ragt Wismars Hauptgotteshaus, die **Nikolaikirche** 11, empor, wiederum dem Typus der Lübecker Marienkirche angehörend. 1380 begann Heinrich von Bremen mit der Errichtung des Chors und ab 1435 setzten Hermann von Münster und Peter Stolp die Arbeit am Langhaus fort. Außen fasziniert der *Südgiebel* des Seitenschiffs, reich dekoriert mit einer Rosette, Friesen aus Formsteinen und figürlichen Reliefziegeln. Der Innenraum führt die Kunst der extremen spätgotischen Vertikalstreckung vor Augen. Das 37 m hohe Mittelschiff wird nur von Köln und Ulm übertroffen. Von der mittelalterlichen Ausmalung sind in beiden Turmhallen und in den Seitenschiffen wertvolle Reste erhalten. Zahlreiche kostbare Ausstattungsstücke, die zum Teil 1945 aus den anderen Wismarer Kirchen hierher überführt wurden, sind zu sehen: In der Südhalle ein mächtiger *Flügelaltar*, dessen 42 Holzfiguren mit ihren fließenden Gewändern im ›Weichen Stil‹ zu den beeindruckendsten Prunkstücken spätgotischer Schnitzkunst der gesamten Ostseeküste gehören. Im Chorumgang steht der *Krämeraltar* (1430) aus der Marienkirche, der die Madonna im Strahlenkranz zwischen Heiligen im Schrein und Szenen des Marienlebens auf den Flügeln zeigt. Qualitätvoll ist auch die *Bronzegrabplatte* (1504) mit einem Hochrelief der Herzogin Sophie in der zweiten nördlichen Seitenkapelle.

Stadtbefestigung und Hafen

Als einziges der fünf Wismarer Stadttore hat sich das **Wassertor** 12 am Ende des Spiegelbergs erhalten. Es entstand um

Erinnerungen an die Hansezeit am Alten Hafen von Wismar

1450 zusammen mit einer Stadtmauer, die man 1841 abriss, weil sie dem Ausbau der Chausseen und Eisenbahnlinien im Wege stand. Die spitzbogige Tordurchfahrt führt stadtauswärts zum **Hafen** ⓭, der nach Rostock der zweitgrößte an der ostdeutschen Küste ist. Besonders bunt ist das Bild im *Alten Hafen*, wo man am späten Nachmittag frischen Fisch direkt vom Kutter kaufen oder eines der Ausflugsschiffe besteigen kann.

Auch bei den Wismarern ist ein Spaziergang entlang des **Hafenkais** beliebt, wo das **Baumhaus** steht, in dem heute Ausstellungen stattfinden. Seinen Namen erhielt das Backsteingebäude mit dem abgewalmten Mansarddach vom sog. Baum, einem Langholz, mit dem im 18. Jh. die Wächter die Hafeneinfahrt absperren konnten. Die zwei gusseisernen **Schwedenköpfe** (Originale im Stadtgeschichtlichen Museum) beiderseits der Eingangstür hatten bis 1750 ihren Platz an der Hafeneinfahrt.

Praktische Hinweise

Tel.-Vorwahl Wismar: 03841
Information: Tourist-Information Wismar, Am Markt 11, Tel. 2513025, Fax 2513091, Internet: www.wismar.de

Hotels

Altes Brauhaus, Lübsche Str. 37, Tel. 211416, Fax 283223, Internet: www.hotel-altes-brauhaus.m-vp.de. Vorzüglich renoviertes Hotel garni in einem ehem. Brauhaus von 1550 in der Altstadt, rustikal eingerichtet.

New Orleans, Runde Grube 3, Tel. 26860, Fax 268610, Internet: www.hotel-new-orleans.de. 28 angenehm helle Zimmer im direkt am stimmungsvollen alten Hafen gelegenen Hotel, gegenüber des Jachthafens. Restaurant und Cocktail-Bar im Haus.

Wismar: Schwedenkopf im Schabbellhaus

Reingard, Weberstr. 18, Tel. 284972, Fax 213497, Internet: www.hotel-reingard.de. Allergiker- und behindertenfreundliche Hotelpension in der Altstadt mit Jugendstil-, Bauern-, Hochzeits-, Jagd- und Fischereizimmer.

Stadt Hamburg, Am Markt 24, Tel. 2390, Fax 239239, Internet: www.wismar.steigenberger.de. Cooles Ambiente hinter klassizistischer Fassade. Die Zimmer sind luxuriös und individuell möbliert, Business-Apartments für Geschäftsleute, Restaurant, Café und Bierkeller.

Zimmervermietung Ines & Fred-Jan Kupfer, Frische Grube 58 b/c, Tel./Fax 211741. Zimmer und Frühstück in hübschem Altstadtdoppelhäuschen in Hafennähe; Bahnhofabholservice.

Restaurants

Alter Schwede, Am Markt 19, Tel. 283552. Hanseatische Atmosphäre in historischem Backstein-Stufengiebelhaus, internationale Speisekarte.

To'n Ossen (im Hotel Alter Speicher), Bohrstr. 12a, Tel. 211746. Rustikal eingerichtetes Galerie-Restaurant mit guter einheimischer Küche, Menüs und à la carte, Weinkeller.

Zum Weinberg, Hinter dem Rathaus 3, Tel. 283550. Behaglich-historische Gaststätte, rustikaler Stil auf der Diele eines stattlichen Giebelhauses.

2 Klützer Winkel

Die fettesten Böden und saftigsten Wiesen Mecklenburgs.

Klützer Winkel wird das Gebiet zwischen Ostseeküste, Wismar und dem Städtchen Dassow an der Grenze zu Schleswig-Holstein genannt. Die saftig grünen Wiesen und weiten Kornfelder bilden Mecklenburg-Vorpommerns fruchtbarsten Landstrich, weswegen die Gegend auch den Spitznamen ›Speckwinkel‹ erhielt. Wer sich den Winkel von seinen schönsten Seiten ansehen will, kann von Juli bis August die malerische Landschaft zwischen Grevesmühlen und Klütz aus der Krupp'schen Dampflok an sich vorbeiziehen lassen (Klützer Ostsee-Eisenbahn, Tel. 038825/3201).

Klützer Winkel – stilles Bauernland: Alleen durchschneiden die Weite der Felder

Grevesmühlen und Schönberg

Am Südrand des Klützer Winkels liegt das 1262 erstmals erwähnte **Grevesmühlen**, heute ein beschauliches Nestchen mit knapp 12 000 Einwohnern. Von hier stammen Luise Kuntze, die Frau des mecklenburgischen Dichters Fritz Reuter, und der protestantische Pastor und Schriftsteller Gotthard Ludwig Kosegarten (1758–1818), der später auf Rügen wirkte und dort wortgewaltige Romane und empfindsame Gedichte verfasste, die in ganz Mecklenburg gelesen wurden.

Am Markt, dem Schnittpunkt alter Handelswege zwischen Klütz, Lübeck und Wismar, steht die mächtige *Nikolaikirche*. Die dreischiffige frühgotische Backsteinhalle (um 1260) birgt eine Darstellung der Kreuztragung, gemalt von einem Künstler aus dem Romantiker-Kreis der Nazarener, deren Werke nur selten im mecklenburgischen Raum zu finden sind. Da ein verheerender Brand 1659 fast die gesamte Altstadt zerstörte, stammen die meisten *Bürgerhäuser* aus dem 18. und 19. Jh. In den letzten Jahren hat sich die Stadt herausgeputzt. So wurden das historische *Postamt* und das Rathaus restauriert und die große Malzfabrik am Börzower Weg in eine Einkaufspassage umgewandelt.

Die Kleinstadt **Schönberg**, 25 km westlich von Grevesmühlen, besitzt eine mittelalterliche *Pfarrkirche* mit Wandmalereien des 17. Jh., dazu rund um den Marktplatz viele hübsche Bürgerhäuser aus der Zeit um 1800. Zudem gibt es hier zwei kleine Museen: Das *Heimatmuseum* (An der Kirche 8–9, Mi, Sa/So 14–17 Uhr, Tel. 03 88 28/2 15 39) infomiert über Sitten und Gebräuche der Menschen im ehem. Fürstentum Ratzeburg. Im *Freilichtmuseum Bechelsdorfer Schulzenhaus* (Mi, Sa/So 14–17 Uhr und nach Vereinbarung, Tel. 03 88 28/ 2 15 39) sind ein besonders gut erhaltenes Wohnhaus (um 1580) und eine Scheune vom Typ des Niederdeutschen Hallenhauses [s. S. 47] zu sehen. Das originale Interieur der 1965 von Bechelsdorf hierher versetzten Gebäude vermittelt einen guten Eindruck vom großbäuerlichen Leben des 18. und 19. Jh. Weitere stattliche Exemplare dieser norddeutschen Bauweise gibt es ganz in der Nähe zu besichtigen, in Petersburg, Retelsdorf und Sabow.

Einst im Abseits: Dassow

Das Ackerbürgerstädtchen Dassow war zu DDR-Zeiten von Stacheldraht und Mauern umgeben und auch für einen Verwandtenbesuch unzugänglich, da es im streng bewachten Sperrgebiet der innerdeutschen Grenze lag. Positiv wirkte sich die erzwungene Abgeschiedenheit auf Flora und Fauna in und um den bereits Lübeck zugehörigen **Dasso-**

Schloss Bothmer, Mecklenburgs größte barocke Schlossanlage, wurde 1732 von Johann Friedrich Künnecke nach englischem Vorbild errichtet

wer See aus, der unter Naturschutz steht – Bootsausflüge nach Travemünde und Lübeck sind aber möglich.

Die historische Dassower **Altstadt** zu beiden Seiten der Lübecker Straße hat eine Reihe hübscher Fachwerkhäuser des 18./19. Jh. und einzelne Backsteingiebelhäuser aufzuweisen. Hochwertig ist die Ausstattung der frühgotischen **Nikolaikirche**.

Steinzeitdorf Kussow

Das nahe **Steinzeitdorf Kussow** lässt Archäologen-Herzen höher schlagen: das im Jahr 2000 entstandene Steinzeitdorf zeigt, wie die sog. ›Leute der Trichterbecherkultur‹ vor über 6000 Jahren wohnten, arbeiteten und sich ernährten (Tel. 0 38 81/71 50 55).

Namengebendes Städtchen Klütz

Die Kleinstadt Klütz ist das wirtschaftliche und kulturelle Zentrum des Klützer Winkels. Auf einer Anhöhe über dem Marktplatz liegt die **Marienkirche** (Mitte 13. Jh.). Wegen des auffälligen achteckigen Helmdaches wird der Turm von den Klützern ›Bischofsmütze‹ genannt. Das 1756 erbaute *Mausoleum* für die Grafen Bothmer verweist auf **Schloss Bothmer**, den größten barocken Schlosskomplex Mecklenburgs am südlichen Klützer Stadtrand.

Die großzügige, symmetrisch angelegte *Baugruppe* mit elfachsigem Zentralbau, geschwungenen Eckpavillons und Kavaliershäusern – alles in unverputztem Backstein – ließ Hans Kasper Graf von Bothmer 1726–32 von Johann Friedrich Künnecke errichten. Als architektonisches Vorbild diente vor allem *Het Loo*, ein Schloss Wilhelm III. von Oranien in den Niederlanden. Aber auch verschiedene englische Herrenhäuser, die Graf Bothmer in seiner Funktion als ›erster Minister für die deutschen Angelegenheiten‹ in Diensten König Georg I. kennen lernte, dürften den Baustil von Schloss Bothmer geprägt haben. Von seinem Amtssitz in Downing Street 10 aus hatte der Graf beispielsweise freien Blick auf Buckingham House im Londoner St. James Park.

Das Giebelfeld des Mittelrisalits zeigt das Bothmer'sche Wappen, dazu die gräflichen Initialen in goldenen Lettern und den Familienwahlspruch ›Respice finem‹ (Gedenke des Endes). Der *Festsaal* (1750) trägt Stuckdekorationen des Italieners Andrea Maini.

Faszinierend sind die auf den Ehrenhof zuführenden *Lindenalleen*, deren spalierartig gepflanzte und teils beschnittene Bäume aus der Erbauungszeit des Schlosses stammen. Es ist von einem wunderschönen *Landschaftsgarten* mit Wassergraben und vielen Wegeachsen umgeben. Schloss und Park bieten jedes Jahr einen festlichen Rahmen für das Mecklenburgische Musikfestival.

Praktische Hinweise

Tel.-Vorwahl Klütz: 03 88 25
Information: Fremdenverkehrs- und Informationszentrum Klütz, Schlossstr. 34, Tel. 2 22 95, Fax 2 23 88, Internet: www.kluetzer-winkel.de, www.grevesmuehlen.de, www.schoenberg-online.de

Hotels

Gasthof Altes Rathaus, August-Bebel-Str. 1, Grevesmühlen, Tel. 0 38 81/7 58 80, Fax 75 88 20, Internet: www.gasthof-altes-rathaus.de. Eingerichtet im mittelalterlichen Stil, mecklenburgische Spezialitäten werden auf Zinngeschirr serviert.

Landhotel Lenorenwald, Kalkhorster Str. 5, Hohen Schönberg, Tel. 03 88 27/8870, Fax 8 87 77, Internet: www.landhotelleonorenwald.m-vp.de. Zimmer und Apartments in neuem Backstein-Fachwerkhaus, Restaurant mit Hausmannskost, 3 km zum Strand.

Landhaus Wohlenberg, An der Chaussee 5, Wohlenberg, Tel. 4 10, Fax 4 11 00, Internet: www.feriendorf-ostsee.de. Gepflegtes Haus auf dem Lande, 150 m vom Ostseestrand entfernt. Restaurant, Radverleih und Sauna.

Restaurants

Klützer Mühle, An der Mühle, Klütz/Niederklütz, Tel. 2 21 02. In der 1904 erbauten holländischen Galeriewindmühle werden überwiegend regionale Spezialitäten präsentiert.

TOP TIPP **Schloss-Restaurant Lütgenhof**, Ulmenweg 10, Dassow, Tel. 03 88 26/82 50. Dezent und ästhetisch renoviertes Schlosshotel mit hervorragendem Restaurant (Chefkoch Peter Grün) und Sommerterrasse, Ausblick auf die Stepenitzniederung.

3 Ostseebad Boltenhagen

Beliebtes Familien-Seebad.

In sanftem Bogen zieht sich das kleine, staatlich anerkannte Ostseeheilbad Boltenhagen längs der Boltenhagener Bucht. Das Ortsbild wird vor allem an der **Strandpromenade** von hübschen holzverschalten Häuschen geprägt, in denen Cafés, Boutiquen und Souvenirläden ihre Waren anbieten. Über die ganze Länge ist die Promenade durch einen Kiefernwald vom Autoverkehr der Ortsdurchfahrt abgeschirmt. Von der 290 m ins Meer hinausreichenden **Seebrücke** le-gen Bäderschiffe nach Wismar, zur Insel Poel, nach Travemünde und Grömitz ab. Wegen seines Freizeitangebots für Familien mit kleinen Kindern gewann Boltenhagen 1993/94 den Bundeswettbewerb für ›Familienferien in Deutschland‹. Jüngste Neuerungen sind zwei Reha-Kliniken, ein Kurzentrum und neu ausgewiesene Wanderwege sowie eine Ostseetherme mit Meerwasserbecken.

Familienfreundlich – Badevergnügen für Jung und Alt am kilometerlangen steinfreien Sandstrand von Boltenhagen. Im Hintergrund ragt die Steilküste Großklützhöved auf

Postkartenidylle auf der Insel Poel – der Hafen von Timmendorf

Angeblich entdeckte die Grafenfamilie Bothmer 1803 die Vorzüge des fast 4 km langen Sandstrandes und ließ hier den ersten Miet-Badekarren aufstellen. Um die Mitte des 19. Jh. war Boltenhagen noch ein ärmliches Dorf. Für die Einwohner war der Badebetrieb eine willkommene Aufbesserung der schmalen Einkünfte. Gäste logierten bei den Bauern. Gern schien sich auch der genussfreudige mecklenburgische Mundartdichter Fritz Reuter bei den Fischersleuten Schwartz (heute Fritz-Reuter Weg 13a) erholt zu haben. Im August 1855 schrieb er aus Boltenhagen an eine Bekannte: »Ich habe das Vergnügen, Ihnen zu melden, dass ich hier ein Leben führe wie die Fliege in der Buttermilch...«

Am Strand entlang geht es Richtung Westen zu der beeindruckenden, 30 m hohen **Steilküste Großklützhöved** bei Redewisch, die herrliche Blicke über die Mecklenburger Bucht gewährt. Wenige Kilometer weiter kann man vom **Tarnewitzer Kamp** die Aussicht über die flache Bucht der Wohlenberger Wiek genießen, bei gutem Wetter sogar bis Wismar!

Praktische Hinweise

Tel.-Vorwahl Boltenhagen: 038825
Information: Kurverwaltung, Ostseeallee 4, Tel. 3600, Fax 36030, Internet: www.boltenhagen.de

Hotel

Seehotel Großherzog von Mecklenburg, Ostseeallee 1, Tel. 500, Fax 50500, Internet: www.seehotel-boltenhagen.de. Großzügiger Neubau der Luxusklasse, Restaurant, Café, Bistro und Bar, dazu Ballsaal, Tagungsräume und medizinisches Anti-Stress-Zentrum.

4 Poel

Mit 37 km² die drittgrößte Insel der mecklenburgischen Ostseeküste.

Das 1163 erstmals erwähnte, später von Herzog Heinrich dem Löwen an drei Adelsfamilien verkaufte Eiland wurde 1648 mit Wismar der schwedischen Krone zugesprochen. Zu DDR-Zeiten war Poel für seine Kinderferienlager und betriebseigenen Ferienwohnungen bekannt. Mittlerweile haben sich die 2800 Einwohner mit Hotels, privaten Unterkünften und Reiterhöfen auf den modernen Urlaubsbetrieb eingestellt.

Die Insel ist flachwellig und von weiten Wiesen überzogen. Von Timmendorf im Südwesten bis Gollwitz im Norden ziehen sich kilometerlange weiße **Sand-**

strände. Zum Baden sind die flachen Ufer, die an einigen Stellen bis zu 30 m ins Wasser führen, besonders angenehm. Per Auto ist Poel ab Groß-Strömkendorf über einen Damm zu erreichen. Die Meerenge heißt Breitling. Zudem wird Kirchdorf ab Wismar von den Ausflugsdampfern der Clermont-Reederei angefahren. Der kleine *Backsteinleuchtturm* von **Timmendorf** bekam 1996 einen neuen Tower. Seit 1872 strahlt das Sektorenfeuer in die Wismarer Bucht und bietet Schiffen nachts Navigationshilfe.

Im Hauptort **Kirchdorf** laufen je nach Wetterlage morgens ab 9 Uhr am Hafen die Fischkutter ein. Manche Boote haben sogar eine kleine Räucherei an Bord und verkaufen den Aal direkt an die Urlauber. In der alten Dorfschule am Möwenweg 4 ist das *Heimatmuseum* untergebracht (15. Mai–14. Sept. Di–So 10–16, 15. Sept.–14. Mai Di, Mi, Sa 10–12 Uhr). Gezeigt wird hier u. a. ein Holzmodell der einstigen Festungsanlage, die heute nur noch an sternförmigen Wällen und Gräben auf der Landzunge an der Kirchseebucht zu erkennen ist. Diese Festung ließ Herzog Adolf Friedrich von Mecklenburg ab 1610 erbauen, zu ihr gehörte auch ein Schloss und die noch vorhandene Kirche (mit zwei Schnitzaltären, 15. Jh.) auf dem Hügel in der Mitte der Anlage. Später besetzten Wallensteins Truppen die Burg, die in den nachfolgenden Jahrhunderten schließlich verfiel.

Am Schwarzen Busch, im Parkwäldchen der Sanitas Ostseeklinik, erinnert die **Gedenkstätte Kap Arkona** an den 3. Mai 1945. An diesem Tag kamen mehr als 7000 evakuierte KZ-Häftlinge aus Neuengamme bei Hamburg ums Leben, als die drei Schnelldampfer Deutschland, Kap Arkona und Thielbeck mit ihrer menschlichen Fracht in der Neustädter Bucht bei Lübeck von britischen Jagdbombern versenkt wurden. Die in Poel angeschwemmten Opfer fanden am Schwarzen Busch ihre letzte Ruhe.

Die beiden Poeler **Naturschutzgebiete**, die südwestliche Inselspitze *Rustwerder* rund um den Faulen See und die winzige Insel *Langenwerder* im Nordosten, sind Vogelbrutgebiet und Lebensraum seltener Pflanzen. Auf Langenwerder unterhält der Verein zum Schutz der Watt- und Wasservögel ein Freilandlaboratorium mit einer Beringungsstation. Das Betreten ist nur zu bestimmten Terminen erlaubt.

Ausflug

An der Landstraße zwischen Groß Strömkendorf und Blowatz führt auf der Höhe von Wodorf ein holpriger Feldweg Richtung **Heidekaten**. Scheinbar fernab der Zivilisation erwartet den Besucher ein Flecken liebevoll renovierter Reethäuser. Im *Malerhus* (Dorfstr. 25, Führungen ab 10 Personen mit Voranmeldung, Tel. 03 84 27/2 76) lebt der Landschaftsmaler Rolf Möller und führt ein offenes Atelier, in dem er seine Aquarelle und Zeichnungen zeigt.

Praktische Hinweise

Information: Kurverwaltung Insel Poel, Wismarsche Str. 2, Kirchdorf, Tel. 03 84 25/2 03 47, Fax 40 43, Internet: www.insel-poel.de

Hotel

Ferienresidenz Steinhagen, Haus 17, Wangern auf Poel, Tel. 03 84 25/44 40, Fax 44 41 11, Internet: www.ferienresidenz-steinhagen.m-vp.de. Ferienwohnungen mit Hotelservice in alter Gutsherrenvilla mit Park, Wirtshaus nebenan.

5 Dorf Mecklenburg

Die ›Wiege des Landes‹.

Dorf Mecklenburg liegt auf geschichtsträchtigem Boden, hier gründeten die slawischen Stämme der Obotriten im 7. Jh. die Burganlage Wiligrad (slaw. große Burg), den Hauptsitz ihrer Stammesfürsten. Am 10. September 995 stellte König Otto III. dort eine Urkunde aus, die erstmals den deutschen Burgnamen **Michelenburg** überliefert. Später wurde daraus der Landesname abgeleitet.

Die 2 ha große Wasserburg war von einem fast 13 m hohen **Ringwall** umschlossen. Bis ins 13./14. Jh. blieb sie bewohnt, dann verfiel sie allmählich und wurde bis auf den Ringwall abgetragen. Bei Grabungen fanden Archäologen 1970 gut erhaltene Reste von Blockhäusern und Flechtwandhäusern. Die Grabungen mussten sich allerdings auf Wall und Dorf beschränken, denn seit 1870 entstand im Burginneren auf den fürstlichen Wohnbereichen der örtliche Friedhof.

Die kleine **Backsteinkirche** im Dorf beeindruckt wegen ihrer üppigen Knorpelwerkornamentik an Altar und Kanzelkorb mit Schalldeckel (17. Jh.).

Farbenpracht in Neukloster: Schätze der Klosterkirche sind die spätromanischen Glasmalereien (1245) im Chor

Als ›Traditionsstätte der sozialistischen Landwirtschaft‹ wurde 1978 das **Kreis-Agrarmuseum** (April–Okt. tgl. 10–16, sonst Mo–Fr 10–16 Uhr, letzter Einlass 15.30 Uhr, Tel. 03841/790020) im Rambower Weg gegründet. Die Ausstellung gibt einen Einblick in die jüngere Regionalgeschichte samt Agrarpolitik, Landtechnik sowie Haus- und Hofwirtschaft. Die Mitarbeiter des Museums bieten auch Dorfführungen für Besucher an.

6 Neukloster

Die älteste Klosterkirche Mecklenburgs, direkt am Neuklostersee.

Im Stadtzentrum von Neukloster sind die von der Säkularisation im Jahr 1555 verschont gebliebenen Gebäude des ehem. Zisterzienserinnenklosters Sonnenkamp zu besichtigen. Das Kloster wurde 1219 von Benediktinerinnen gegründet, die 1245 die Zisterzienserregel annahmen. Die 1236 vollendete **Klosterkirche** hatte vorbildhafte Wirkung auf den mecklenburgischen Kirchenbau des 13. Jh. Würdevoll wirkt noch heute die schlichte spätromanische Basilika, streng gegliedert und ornamentiert, z. B. mit Fischgrätmuster an den Giebelflächen von Chor und Querhaus außen. Bei einer Restaurierung im Jahr 1865 wurde die hölzerne Balkendecke im Langhaus ornamental bemalt. Prunkstücke sind die farbenprächtigen, schlanken *Glasfenster* der Chorwand, entstanden um 1245 und somit die ältesten erhaltenen Glasmalereien Mecklenburgs. Dargestellt ist ein Zyklus von Heiligen und Aposteln in reichem Ornamentschmuck.

Der ursprüngliche Zweck des südöstlich gelegenen achteckigen **Glockenturms** ist nicht mehr bekannt. Er wurde im 15. Jh. als flaches Gebäude (Kapelle?) begonnen und erst 1586 aufgestockt. Über dem Tor prangen die Wappentafeln Herzog Ulrichs von Mecklenburg-Güstrow und seiner Gemahlin Elisabeth. Zum Kloster gehörte die benachbarte **Propstei**, die an den schönen Blendgiebeln zu erkennen ist. In ihren Räumen befindet sich ein Kindergarten.

Praktische Hinweise

Tel.-Vorwahl Neukloster: 038422
Information: Tourist- und Kulturinformation im Rathaus, Tel. 44030

Hotel

Seehotel, Seestr. 1, Nakenstorf, Tel./Fax 25445, Internet: www.seehotel-neukloster.de. Puristisch und hell möblierte Zimmer in einem reetgedeckten Fachwerkhaus am Neuklostersee mit Garten-Restaurant.

Am Strand von Rerik: Sandburgen bauen oder im eigenen Handtuch-Terrain schlummern

7 Ostseebad Rerik

Einstiges Fischerdorf mit wildromantischer Steilküste.

Rerik liegt auf einer schmalen Landzunge zwischen Salzhaff und Ostsee, genau am Übergang vom Festland zur Halbinsel Wustrow. Ein Irrtum wirkte namengebend: Die erstmals 1250 erwähnte Ansiedlung hieß ursprünglich Alt Gaarz und wurde 1938 umgetauft, da Forscher der Frühgeschichte hier den 808 von den Dänen verwüsteten Handelsort Rerik vermuteten. Ausgrabungen konnten diese Theorie jedoch bislang nicht bestätigen.

Das ländliche Seebad ist ideal für Urlauber, die es eher beschaulich mögen. Wie sich am Segel-, Jacht- und Fischereihafen – Ausgangspunkt für Bootsrundfahrten auf dem Salzhaff – zeigt, ist Rerik ein **Dorado für Wassersportler**. Eine beliebte Veranstaltung zum Ansegeln der Saison ist die Pfingstregatta auf dem Salzhaff. Kilometerlang zieht sich auf der gegenüberliegenden Seite der Landzunge, zur offenen Ostsee, der schmale **Sandstrand** hin. An manchen Stellen ist der steile Dünenkamm von kleinen Buchten ausgehöhlt, die romantische Namen wie Liebesschlucht oder gruselige wie Teufelsschlucht tragen.

In der alten Schule, in der Dünenstr. 4, lädt das **Heimatmuseum** (Di 10–12, 14–17, Mi/Do 14–17, Fr 10–12, Sa/So 14–16 Uhr, Mitte Mai–Mitte Sept. zusätzlich Mi 10–12, Fr 14–17, Sa bis 17, So 15–17 Uhr) zum Ausflug in die Seefahrtsgeschichte ein. Für Liebhaber der maritimen Volkskunst sind qualitätvoll gearbeitete Buddelschiffe und Schiffsmodelle ausgestellt, darunter die stolze Kogge aus dem Reriker Stadtwappen. Unbedingt besuchen sollte man die frühgotische **Pfarrkirche** (Führungen: Mo, Do 10–12, So ab 11 Uhr). Das außen eher unscheinbare Gotteshaus überrascht im Inneren durch die einheitliche Barockausstattung, vor allem aber durch die prächtige barocke Ausmalung von Hinrich Greve aus Wismar (1668). Zahlreiche Engel und die Apostel bevölkern Gewölbe und Seitenwände, illustrieren fröhlich das Tedeum, reich umrahmt von floralem Dekor. Üppigkeit und Qualität dieser Malereien sind einmalig im gesamten Küstenbereich der Ostsee, sie machen die Kirche zu einer Perle der mecklenburgischen Barockkunst. Königin Margarete von Dänemark soll den Bau gestiftet haben, um sich bei den Reriker Fischern für ihre Errettung vor dem Ertrinken zu bedanken.

Auf dem 20 m hohen **Schmiedeberg** an der Seebrücke erbauten die Slawen im 8. Jh. eine Wallanlagc, die 1872 größtenteils einer Sturmflut zum Opfer fiel. Vom Aussichtspunkt auf der Anhöhe reicht der Blick weit über die Ostsee. Der südliche Teil der Halbinsel **Wustrow** war jahrzehntelang Sperrgebiet. 1993 wurde es für Naturschutzzwecke gesichert und darf heute im Rahmen einer Führung (So 14 Uhr, bei Kurverwaltung erkundigen) besucht werden.

Ausflug

Im Pfarrhaus des wenige Kilometer landeinwärts gelegenen Städtchens **Neubukow** wurde am 6. Januar 1822 der Troja-Entdecker Heinrich Schliemann geboren. Eine bescheidene, liebevoll gestaltete *Gedenkstätte* (Sommer Di–Fr 10–17, Sa/So 14–17 Uhr, Winter Di–Fr 10–16, Sa 14–16 Uhr, Tel. 038294/78523) ehrt den berühmten Sohn der Stadt, dessen Familie schon 1823 nach Ankershagen übersiedelte [s. S. 102].

Praktische Hinweise

Information: Kurverwaltung Rerik, Dünenstr. 7, Tel. 038296/78429, Fax 78513, Internet: www.rerik.de

TOP TIPP 8 Ostseebad Kühlungsborn

Bilderbuch-Badeort mit klassizistischer Villenzeile.

Seit jeher ist Kühlungsborn eines der bestbesuchten Ostseebäder. 1877 wurde hier der erste Badeprospekt veröffentlicht und nur fünf Jahre später erfand der Korbmacher Wilhelm Bartelmann, desen Nachfahren noch heute in Kühlungsborn leben, den **ersten Strandkorb** der Welt. Die Anzahl der Strandbadehütten vergrößerte sich Jahr um Jahr, 1895 ging die erste Badeanstalt in Betrieb – getrennt in ein Damen- und ein Herrenbad, dazwischen 100 m Abstand. 46000 Saisongäste kamen um die Wende zum 20. Jh. in den Badeort, der nach Norderney auf Platz zwei der meistbesuchten deutschen Seebäder rangierte.

1938 schlossen sich die Orte Arendsee, Brunshaupten und Fulgen zur Stadt Kühlungsborn zusammen, benannt nach der Kühlung, einem bewaldeten Höhenzug im Hinterland. Deutlich ist noch immer die Zweiteilung in Kühlungsborn-Ost (früher Brunshaupten, jetzt mit Seebrücke) und -West (Arendsee), dazwischen der viel begangene Stadtwald. Verbindung schafft die lange Strandpromenade mit attraktiver **Villenzeile** im Stil der Bäderarchitektur vom Ende des 19. Jh. Ein grandioser Reigen eleganter Hotels mit Meerblick! Zu beiden Seiten der Seebrücke lockt ein 5 km langer, enorm breiter und außerordentlich gut gepflegter weißer **Sandstrand**. Die Promenade wird gerne von Inlineskatern und Skateboardfahrern benutzt. Radfahren dagegen darf man nur auf dem parallel angelegten Küstenschutzstreifen. Die Meerwasser-Schwimmhalle in der Ostseeallee sorgt für Unterhaltung auch an Schlechtwettertagen. Ein architektonisches Prunkstück ist die **Villa Baltic** nebenan. Sie wurde 1912 von Alfred Krause für den kaiserlichen Justitiar Hausmann, einem Verwandten der Familie Rothschild, in neubarocken Formen errichtet. Seit Mai 2003 steht den Gästen auch ein neuer Bootshafen in Kühlungsborn zur Verfügung.

Seit 1882 bewährt – Korbgeflecht als Badebehausung

Ausflüge

Im 4 km nahen **Bastorf** hat man vom Leuchtturm Buk eine herrliche Aussicht auf den Trollegrund, je nach Wetterlage sogar bis zur Insel Fehmarn. Auf der Landstraße nach Kröpelin schließlich passiert man rechter Hand den **Diedrichshäger Berg**, der dank seiner Höhe von 129 m den schönsten Überblick über die Landschaft der Kühlung bietet.

Praktische Hinweise

Tel.-Vorwahl Kühlungsborn: 038293
Information: Touristikservice, Ostseeallee 19, Tel. 8490, Fax 84930, Internet: www.kuehlungsborn.de

Unterkunft

Ferienanlage Auf den Höfen, Neue Reihe 32, Tel. 85550, Fax 85575, Internet: www.auf-den-hoefen.de. Indivi-

Ein Schloss am Meer – Bäderarchitektur des ausgehenden 19. Jh. am Strand von Kühlungsborn

duelle Ferienwohnungen mit Grillplatz, Waschmaschine, Fitnessbereich. Auf Wunsch tgl. Putzservice und allmorgendlicher Brötchendienst.

Hotel Vier Jahreszeiten, Ostseeallee 10, Internet: www.jahreszeiten-hotels.de. Luxuriöses Ambiente in prachtvoller Jugendstilvilla mit Wellnessbereich und Restaurant (wegen Umbaus bis Sommer 2005 geschlossen).

Hotel Villa Verdi, Ostseeallee 26, Tel. 8570, Fax 85711, Internet: www.strandhotel-verdi.de. Riesige Jugendstilvilla, 30 m vom Strand entfernt. Stilvolle Zimmer und Apartments, Restaurant und Bistro.

Hotel & Pension Wilhelmine, Strandstr. 53, Tel. 8450, 8090, Fax 80999, Internet: www.hotel-wilhelmine.m-vp.de. Traditionsreiches, familiär geführtes Haus in Strandnähe. Liebevoll möblierte Zimmer, Suiten und Apartments sowie umfangreicher Wellnessbereich.

Morada Hotel Arendsee, Ostseeallee 30, Tel. 70300, Fax 70400, Internet: www.morada.de. Zentrale Lage direkt an der Strandpromenade. Die Küche des Restaurants Borgholm wird als eine der besten der mecklenburgischen Ostseeküste gerühmt.

Restaurant

Brunshöver Möhl, An der Mühle 3, Tel. 937. Geheimtipp für Feinschmecker. In einer alten Kornmühle kocht Kurt Giese à la carte.

9 Heiligendamm

›Weiße Stadt am Meer‹ – das erste Seebad Deutschlands.

Das **Seebad Heiligendamm** gründete der mecklenburgische Herzog Friedrich Franz I. 1793 auf Anregung seines Leibarztes Samuel Gottlieb Vogel, der die gesundheitliche Wirkung des milden Ostsee-Salzwassers erkannt hatte. Die herzoglichen Kuraufenthalte zogen Adel und Großbürgertum nach Heiligendamm. So entstand die ›Weiße Stadt am Meer‹. Die eleganten Hotels, Villen und Logierhäuser bieten sich am eindrucksvollsten von der Strandpromenade aus dar.

Mittelpunkt des einstigen gesellschaftlichen Treibens am Meer war das **Kurhaus**, tempelartig mit Giebelfeld und breiter dorischer Säulenvorhalle 1816 von Landbaumeister Carl Theodor Severin als Tanz- und Speisehaus errichtet. Eine großartige Leistung des norddeutschen Klassizismus mit erkennbaren Einflüssen der ›Berliner Schule‹ (Carl Gotthard Langhans und David Gilly). Ihm zu seiten stehen westlich **Haus Mecklenburg**, ein Badehaus von 1838/39 und gegenüber das **Grand Hotel** von 1873. Etwas weiter landeinwärts präsentieren sich weitere reizvolle Beispiele der **Seebäderarchitektur des 19. Jh.** Um 1840 entstanden hier das Alexandrinen- und Mariencottage sowie das Haus Krone im englischen Landhausstil für Familienangehörige des Großherzogs. 1848 baute der Schweri-

Weiße Stadt am Meer – Klassizistisch kühl und blendend weiß präsentieren sich Kurhaus (links) und Haus Mecklenburg des Kempinski Grand Hotels Heiligendamm

ner Hofarchitekt Georg Adolph Demmler die weiße Villa **Burg Hohenzollern**.

Im Frühjahr 2003 kehrte etwas vom alten Glanz nach Heiligendamm zurück. Die meisten oben genannten Gebäude sind nun in eine neue luxuriöse Hotelanlage der Kempinski-Hotelkette eingebunden, die unter Leitung des New Yorker Architekten Robert A. M. Stern entstand.

Ausflüge

Durch den grünen Tunnel einer kilometerlangen, uralten Lindenallee, wohl die längste geschlossene Deutschlands, passiert man auf dem Weg nach Bad Doberan rechter Hand die älteste **Galopprennbahn** (1823) des Landes; seit 1993 gibt es hier in den Sommermonaten wieder spannende Pferderennen.

Gegenüber erstreckt sich in einer Niederung das **Naturschutzgebiet Conventer See**. Das 246 ha große Brut- und Rastgebiet zahlreicher Vogelarten ist eine eiszeitlich geformte Meeresbucht, die durch den Heiligen Damm von der Ostsee abgetrennt wurde und vermoorte. Auf dem Conventer See hat der Höckerschwan zeitweilig das größte Brutaufkommen in Deutschland.

Über die B 105 erreicht man nach 10 km **Kröpelin**, dem im 19. Jh. die über 100 hier arbeitenden Schuhmacher den Beinamen ›Schuhmacherstädtchen‹ eintrugen. Eine urige Schuhmacherwerkstatt gibt es im *Stadtmuseum* (Di 9–12 und 13–18, Mi 9–12 und 13–16 Uhr; Tel. 038292/85120) zu sehen.

Praktische Hinweise

Information: Tourist-Information Bad Doberan-Heiligendamm, Alexandrinenplatz 2, Bad Doberan, Tel. 038203/62154, Internet: www.heiligendamm.de

Hotel

Kempinski Grand Hotel Heiligendamm, Prof. Dr. Vogel-Str. 6, Tel. 038203/7407676, Fax 7407699, Internet: www.kempinski-heiligendamm.de. Nobler Hotelkomplex in sechs klassizistischen Gebäuden am Strand.

10 Bad Doberan

Ein Kleinod norddeutscher Backsteingotik und viele klassizistische Nobelvillen.

Unbedingt sehenswert ist Bad Doberans Klosterbereich, wo inmitten eines Landschaftsgartens das berühmte Bad Doberaner Münster steht, eine der schönsten und bedeutendsten Backsteinkirchen der norddeutschen Hochgotik. Doberans Geschichte begann 1171, als Zisterziensermönche hier das erste Kloster Mecklenburgs gründeten, das aber bereits acht Jahre später wieder zerstört wurde. 1186 suchte der konvertierte Slawenfürst Borwin-Heinrich einen neuen Bauplatz für die Zisterzienser. Der Gründungslegende nach soll ein Schwan durch seinen Ruf ›dobr, dobr‹ (gut, gut) die Standortbestimmung entscheidend beeinflusst haben und für den heutigen Stadtnamen mitverantwortlich gewesen sein. 1294 begann der Bau des heutigen Münsters, die Weihe fand 1368 statt. Das alsbald wohlhabende Kloster wurde zum geistlichen und kulturellen Zentrum im mittelalterlichen Mecklenburg.

Die ehem. Klosterkirche

Das Klostergelände ist noch von der in großen Abschnitten erhaltenen Klostermauer (um 1285) umgeben. In leuchtendem Rot steigt darin neben einem verträumten Teich das dreischiffige TOP TIPP **Bad Doberaner Münster** (Mai –Sept. Mo–Sa 9–18, März/April/Okt. 10–17, Nov.–Febr. Di–Sa 10–16 Uhr, So/Fei jeweils ab 11.30 Uhr, Internet: www.doberanermuenster.de) auf – gewaltig seine Ausmaße mit breit ausladendem Querhaus und betontem, von einem Kapellenkranz umfangenen Chor. Der Zisterzienser-Regel gemäß turmlos, sticht lediglich ein spitzer Dachreiter nach oben. Licht und weit wirkt der **Innenraum** mit seiner wertvollen Ausstattung. Die Glanzstücke: Der reich vergoldete *Hochaltar* von 1310 ist ein Hauptwerk Lübecker Schnitzkunst und einer der ältesten deutschen Flügelaltäre über-

Sehenswerte Backsteingotik – das prachtvolle Münster von Bad Doberan

Bad Doberaner Münster: Der Kreuzaltar im Mittelschiff, ein doppelseitiger Flügelaltar mit monumentalem Kreuz darüber, trennte einst den Mönchsbereich von dem der Laien

Schienen-Methusalem Molli

Deutschlands älteste Kleinbahn ist eine Dampfeisenbahn aus dem Jahr 1886 mit der seltenen Spurweite von 90 cm. 1933 wurden die alten Lokomotiven, Reisewagen, Güterwagen und Post-Gepäckwagen gegen die heutigen Modelle der Firma Orenstein & Koppel ausgetauscht. Das ganze Jahr über zuckelt er (Molli ist männlich) über 15,4 km im beschaulichen Blumenpflücktempo von höchstens 50 km/h zwischen den Ostseebädern Kühlungsborn, Heiligendamm und Bad Doberan hin und her (Bewirtschaftung im Zug, Gruppenanmeldung unter Tel. 03 82 03/41 50, Internet: www.molli-bahn.de).

haupt. Die Figurenreihen der Flügel thematisieren Szenen des Alten und Neuen Testaments. Bezaubernd ist die *Leuchtermadonna* mit Mondsichel und Strahlenkranz (um 1280), eine der ältesten Standmadonnen Norddeutschlands. Die Grenze zwischen einstiger Mönchs- und Laienkirche markiert der doppelseitige *Kreuzaltar* (um 1370), figurenreich geschnitzt und von einem monumentalen Kreuz 15 m überragt. Hochrangig ist auch der zierliche Reliefschmuck der spätgotischen *Chorgestühlwangen*. Da die Klosterkirche den mecklenburgischen Herzögen jahrhundertelang als Grablege diente, gibt es ferner etliche *Grabmonumente* zu bewundern. Erwähnt seien nur die Tumba der Königin Margarete (um 1285), das Doppelgrab des schwedischen Königs Albrecht mit Gemahlin (um 1420) sowie die prächtige Renaissance-Grabkapelle für Herzog Adolf Friedrich I. und seine Frau Anna Maria. Im nördlichen Seitenschiff steht der Sarkophag von Herzog Friedrich Franz I., dem die Orte Bad Doberan und Heiligendamm ihren Status als fürstliche Sommerresidenz und als Seebad verdanken.

Zum Klosterbezirk gehören schließlich noch das kleine achteckige **Beinhaus** mit verschiedenen gebrannten und glasierten Ziegeln, das **Kornhaus** (beide 13. Jh.), das Klostertor und ein verbliebener Teil der Klausur.

Klassizistische Pavillons und Salons

Von der Glanzzeit Bad Doberans als herzogliche Sommerresidenz mit Gesellschaftsbad Heiligendamm und berühmter Galopprennbahn [s. S. 32] vor den Toren zeugen noch etliche herrschaftliche Palais- und Wohnhausbauten des 18./19. Jh. Auf dem **Kamp**, einer kleinen Grünzone an der Severinstraße, findet man den **Weißen** und den **Roten Pavillon**, reizende klassizistische Bauten mit chinoisen Elementen von Carl Theodor Severin (1808/13). Ursprünglich als Musiksäle konzipiert, beherbergen sie heute ein beliebtes Café (Tel. 6 23 26) und eine Kunstgalerie. Von Severin stammen auch das zum Landratsamt umgebaute **Salongebäude** (mit prächtigem Festsaal im Empirestil) und nebenan das **Große Palais** mit dem auffälligen Vier-Säulen-Portikus. Severins Vorgänger, der Doberaner Baukondukteur Johann Christoff Heinrich von Seydewitz, schuf das einstige **Logierhaus** (Am Kamp 1), ein zweigeschossiges Fachwerkgebäude, das jetzt als nobles Hotel dient. Schräg gegenüber vom ehem. **Prinzenpalais** am Alexandrinenplatz 8 liegt das stattliche **Moorbad**, das Doberan 1920 den Bädertitel ›erwirkte‹, heute aber nicht mehr in Betrieb ist. Eine moderne Reha-Klinik namens Moorbad (Tel. 9 30) zur naturkundlichen Heilung von Kreislaufkrankheiten befindet sich in der Schwaaner Chaussee 2.

Im **Stadtmuseum** (Beethovenstr. 8, bis Anfang 2004 wg. Sanierung geschl.) im neugotischen Möckel-Haus, dem einstigen Wohnhaus des Hofbaurats Gotthilf Ludwig Möckel, wird die Geschichte des örtlichen Kur- und Bäderwesens dokumentiert. Spaßig wirken vor allem die altmodischen Badeanzüge.

Am nordwestlichen Stadtrand befindet sich das **Ehm Welk-Haus** (Dammchaussee 23, Di–Fr 10–12, 13–16, Sa 14–17 Uhr, Tel. 6 23 25), 1950–66 die letzte Wohn- und Arbeitsstätte des Schriftstel-

Radfahren in Gruselstimmung – skelettartig fingern die alten Buchen des Gespensterwaldes an Nienhagens Steilküste in die Höhe

lerehepaars Ehm und Agathe Welk. Ehm Welk war langjähriger Chefredakteur der vom Ullstein Verlag herausgegebenen ›Grünen Post‹. Er wurde mit seinen Romanen ›Die Heiden von Kummerow‹ (1937) und ›Die Gerechten von Kummerow‹ (1943) berühmt. Mit viel Humor schilderte er die norddeutsche Bauerndorf-Atmosphäre. In dem kleinen Literaturmuseum ist Welks Bibliothek zu besichtigen, sommers finden im Garten hin und wieder Veranstaltungen statt.

Ausflüge

Im wenige Kilometer südlich gelegenen Dorf **Retschow** lädt der *Denkmalhof* (Di–Sa 9–16 Uhr) mit einem niederdeutschen Hallenhaus von 1787 zur Besichtigung ein.

Gespenstisch geht es in der Nähe des ruhigen **Ostseebads Nienhagen** zu, denn so wirken die skurril-zerzausten Bäume des Nienhager Holzes auf hoher Felsenklippe (›Gespensterwald‹). Ein interessantes Ausflugsziel ist das 4 km entfernte **Glashagen** mit einer *Glashütte* (Besichtigung und Verkauf, Tel. 03 82 03/ 130 88), gleich nebenan gibt's auch eine *Töpferei* (Tel. 6 22 53) mit Café.

Praktische Hinweise

Tel.-Vorwahl Bad Doberan: 03 82 03
Information: Tourist-Information, Alexandrinenplatz 2, Tel. 6 21 54, Fax 7 70 50, Internet: www.bad-doberan.de

Unterkunft

Pension Schwark, Am Dorfteich 4, Althof (Ortsteil südöstl. von Bad Doberan), Tel. 9 10 60, Fax 91 06 13, Internet: www.pension-schwark.m-vp.de. Idyllisch und ruhig im historischen Ortskern gelegenes Backsteinhaus mit reizendem Gärtlein.

Pension Am Fuchsberg, Bad Doberan, Am Fuchsberg 7a, Tel. 6 34 74, Fax 6 32 52, Internet: www.pensionamfuchsberg.de. Gediegenes Haus mit Terrasse und Garten.

11 Rostock

Altehrwürdige Hanse- und Universitätsstadt, heute größte Stadt und wirtschaftliches Zentrum des Landes.

In Rostock leben rund 199 000 Einwohner, etwa 11 % der Gesamtbevölkerung Mecklenburg-Vorpommerns. Die Wirtschaftskraft bestimmen seit alters Handel, Schiffbau und Schifffahrt. In der Zukunft sollen die Zulieferindustrie, junge Technologien und wachsende Tourismusströme zum Wachstum der Wirtschaftsregion beitragen. Rostocks Tradition als bedeutendste Hafenstadt der Ostseeküste gründet in der **Hansezeit** im Mittelalter. Mit dem Ende der Hanse und dem Dreißigjährigen Krieg versiegte der Reichtum, doch die Industrialisierung des 19. Jh. ließ den lukrativen Handel wieder aufblühen. Damals wie heute liegt die Stadt im Schnittpunkt der wichtigsten nordostdeutschen Verkehrsadern, sei es zu Lande oder zu Wasser. ›Tor zum Norden‹ wird Rostock oft genannt, denn vom Überseehafen gehen täglich Fähren nach Trelleborg (Schweden), nach Gedser (Dänemark), Tallinn (Estland), Liepaja (Lettland), Helsinki und Hanko (Finnland). Im Jahr 2003 beherbergte die Stadt die alle zehn Jahre stattfindende **Internationale Gartenbauausstellung** (IGA), die rund 2,5 Mio. Besucher anzog.

Geschichte ›Roztoc‹, eine slawische Burg, wurde anlässlich ihrer Zerstörung durch den Dänenkönig Waldemar I. 1161 erstmals erwähnt. Um 1200 siedelten hier bereits deutsche Handwerker und Kaufleute. Die Zugehörigkeit zur Hanse ab 1259 brachte Reichtum, 1419 öffnete die Universität als erste im gesamten Ostseeraum ihre Pforten. 1677 wütete ein Brand in der mittlerweile verarmten Stadt.

Die Nazis machten Rostock ab 1933 zu einem Schwerpunkt der deutschen Rüstungsindustrie für Flugzeug- und U-Boot-Bau. Folglich wurden während des Zweiten Weltkriegs ganze Stadtviertel durch alliierte Bombardements dem Erdboden gleichgemacht. Trotzdem haben sich in der Innenstadt etliche Baudenkmäler erhalten oder wurden wieder aufgebaut. Zu DDR-Zeiten blieb der historische Stadtkern erfreulicherweise von großen Plattenbauten – wie sie den wachsenden Vororten zuhauf beschert wurden – verschont.

Besichtigung Die Rostocker Innenstadt durchwandert man am besten von Ost nach West, gemäß der chronologischen Entstehung der drei zunächst eigenständigen Mittelalter-Siedlungen.

In der Altstadt

Das Zentrum bildet, auf einem Hochplateau über der Warnow, der Alte Markt mit der **Petrikirche** (1) an seiner Nordseite. Die mächtige, querschifflose Backsteinbasilika wurde auf den Mauern eines Vorgängerbaus im zweiten Viertel des

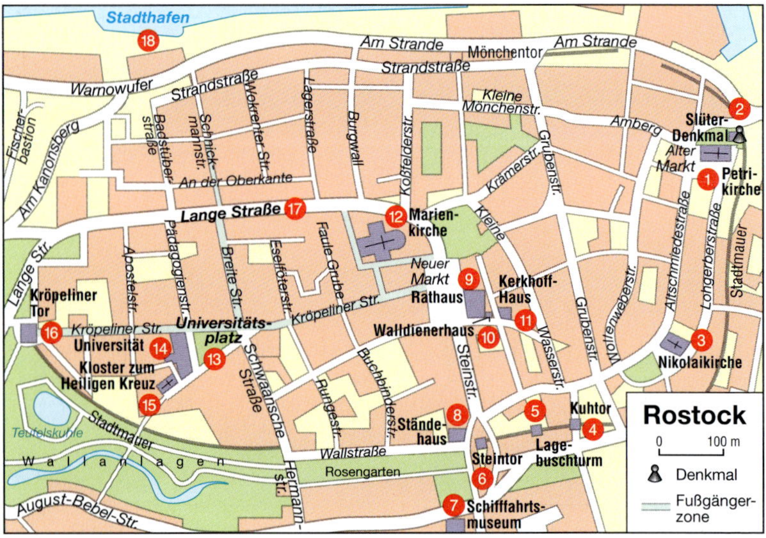

Rostock – Perle der Ostsee. Die Marienkirche überragt die Giebelfront der Wokrenter Straße

14. Jh. begonnen. Bei einem Luftangriff wurde die Kirche 1942 weitgehend zerstört. Der Wiederaufbau einschließlich des für die Stadtsilhouette so wichtigen, 117 m hohen *Turmhelms* mit Kupferdach wurde 1994 abgeschlossen. Von der Ausstattung blieb die *Bronzetaufe* erhalten, ein Meisterwerk der Renaissancekunst (Andreas Ribe, 1512). Hier oben auf dem *Petrikirchhof* herrscht eine sehr anheimelnde Atmosphäre. Dazu tragen auch die hübschen mittelalterlichen Wohnhäuser (Bei der Petrikirche 4–6) mit ihren charakteristischen Rundbogenportalen bei. Nordöstlich der Kirche, dicht an der Stadtmauer, steht das **Slüter-Denkmal** 2 für den Rostocker Reformator Joachim Slüter. Neben der Grabplatte (1532) befindet sich ein Postament mit Bibel und Abendmahlskelch (19. Jh.).

Nach Süden, parallel zur Stadtmauer, verläuft die Lohgerberstraße, deren Giebelhäuser im Kern aus dem Mittelalter stammen. Typisch für die Rostocker Altstadt ist hier die Haus-Nr. 11, ein alter *Backsteinspeicher* von 1830 mit großem Rundbogenportal im Erdgeschoss und darüberliegender Speicherbodenöffnung. Mit dem herausragenden Kragarm wurde früher per Seilwinde Lagergut nach oben befördert.

Im Scheitelpunkt der Straßenbiegung fällt der Blick auf die **Nikolaikirche** 3, die Mitte des 13. Jh. als Pfarrkirche des Siedlungskerns südlich der Altstadt entstand. Chor, Westturm und Sakristei wurden der gotischen Backsteinhalle erst 200 Jahre später angefügt. Der Weg führt unter dem östlichen Chorjoch, dem Schwibbogen, hindurch, da zwischen Kirche und Stadtmauer kein Platz für eine Gasse blieb. Auch die Nikolaikirche brannte 1942 völlig aus. Kuriosum: Nach Wiederherstellung im Jahre 1977 wurden Wohnungen in das Langhausdach eingebaut. Das Kirchenschiff wird als Konzert- und Theatersaal genutzt.

Mittelalterliche Tore und die weite Welt der Meere

Nach Überquerung der Grubenstraße, einer Geländesenke, die einst die Altstadt von der Mittelstadt trennte, taucht alsbald das **Kuhtor** 4 auf, Rostocks ältestes Stadttor (13. Jh.), in dem es heute literarisch zugeht. Mit dem **Lagebuschturm** 5 und dem walmdachgedeckten **Steintor** 6 von 1577 gehört es zum Rostocker Mauerring, der 1996 in diesem Abschnitt wieder aufgebaut wurde. Früher besaß die Stadt 22 Tore.

Vom Steintor aus ist ein Abstecher ins **Schifffahrtsmuseum** 7 (August-Bebel-Str. 1, Tel. 4 92 26 97, Sommer Di–So 11–17 Uhr) zu empfehlen, wo die Geschichte der Seefahrt ab dem 8. Jh. vorgestellt wird, wobei die Entstehung der Hanse einen Schwerpunkt bildet. Besonders faszinierend sind die großen Galionsfiguren aus Holz, ein antiquierter kupferner Taucherhelm und die vielen unterschiedlichen Schiffsmodelle. Wer Freude am fantasievollen Spiel der Historismus-Architekten mit farbiger und unglasierter Keramik hat, sollte einen Blick in das reich geschmückte Treppenhaus im Lichthof des ehem. **Ständehauses** 8 (Wallstr. 1) werfen. Das neugotische Gebäude wurde 1893 nach Plänen Gotthilf Ludwig Möckels errichtet.

Viel bestaunt – die astronomische Uhr der Marienkirche in Rostock

Im Zentrum der Mittelstadt

Die Steinstraße trifft auf den Neuen Markt, den schöne Giebelhäuser umstehen. Blickfang ist hier das **Rathaus** 9 mit seiner filigranen Türmchenfront – nach Lübecker Vorbild sieben an der Zahl – und barockem Vorbau (1727). Den Kern bilden zwei Giebelhäuser, die bereits im 13. Jh. Sitz der Stadtverwaltung waren. Hinter dem Rathaus liegt ein Quartier mit den prächtigsten Bürgerhäusern der Stadt. Die schönsten Backstein-Giebelfassaden stammen noch aus der Zeit des späten 15. Jh., so das **Walldienerhaus** 10 (Hinter dem Rathaus 2) und gegenüber das **Kerkhoff-Haus** 11, das sich der Bürgermeister Berthold Kerkhoff um 1470 erbauen ließ. Das prachtvolle Patrizierhaus prunkt mit seiner aufwendig gestalteten Fassade – gotische Spitzbogen gliedern den Staffelgiebel, während die Korbbogenfenster darunter bereits der Frührenaissance verhaftet sind.

Am Rande des Neuen Markts kündet die **Marienkirche** 12 als bedeutendster Rostocker Sakralbau vom Reichtum und Wohlstand der Hanse, denn niemand anderes als das Handelspatriziat stellte 1398 die Gelder für die Vollendung einer älteren, eingestürzten Hallenkirche zur Verfügung. Das große Vorbild war auch hier wieder die Lübecker Marienkirche. Mitte des 15. Jh. war der seit jeher in seiner Blockhaftigkeit das Stadtbild dominierende Bau – eine dreischiffige Basilika mit hohem Querhaus, Kapellenkranz und Chorumgang – schließlich vollendet. Äußerlich ist der Planwechsel von 1398 durch den Übergang von rotem zu gelbem Backstein kenntlich. Den Krieg überstand diese Kirche übrigens einigermaßen unbeschadet.

Majestätisch wirkt der Innenraum mit einer Höhe von 31,5 m im Mittelschiff. Absolut sehenswert ist die Ausstattung, allen voran die um 1290 gefertigte, nahezu 3 m hohe *Bronzetaufe*, die von vier knienden, bärtigen Männern getragen wird, mit zahlreichen Reliefiguren geschmückt und von einem ausschwingenden Adler bekrönt ist. Auch vor dem *Rochusaltar* (1530) in der südöstlichen Chorumgangskapelle, vor der *Kanzel* (1574) – einem brillanten Werk norddeutscher Renaissance – und dem grandiosen *Orgelprospekt* (1769) mit kompositorisch eingebundener Fürstenloge kann man lange staunend verweilen.

Spielplatz für die einen, Ruhepunkt für die anderen – der ›Brunnen der Lebensfreude‹ von Jo Jastram und Reinhard Dietrich am Universitätsplatz

Weltberühmt ist die *astronomische Uhr*, die 1472 in Nürnberg gefertigt wurde und 1643 ihre architektonische Rahmung erhielt. Auf zwei Zifferblättern werden Jahr, Monat, Tag, Stunde, Sonnen- und Mondphasen und Tierkreiszeichen angezeigt. Täglich um 12 Uhr mittags treten die zwölf Apostel auf den Plan und marschieren zur Freude der Zuschauer im Gänsemarsch rund um ihr Gehäuse.

Platz der Lebensfreude und ›Leuchte des Nordens‹

Lebendiges Zentrum der Neustadt ist der begrünte **Universitätsplatz** 13, an dem Rostocks Haupteinkaufsmeile, die Fußgängerzone *Kröpeliner Straße*, vorbeiführt. Beim Schlendern, Schauen, Bummeln fällt sicherlich das Haus Kröpeliner Str. 82 mit seinem feinen, mit Zierfriesen und Medaillons geschmückten Staffelgiebel auf, es war einst die Residenz eines Rostocker Kaufmanns. Mitten auf dem Platz sprudelt der *Brunnen der Lebensfreude* (1980), eine Komposition aus ineinander verschlungenen Tier- und Menschenleibern von den Bildhauern Jo Jastram und Reinhard Dietrich. Ein beliebter Kinderspielplatz! Als erste **Universität** 14 im Ostseeraum wurde die ›Alma Mater Rostochiensis‹ 1419 gegründet. Das 1870 an der Westseite des Universitätsplatzes erbaute Hauptgebäude wirkt ehrwürdig wie ein italienisches Renaissanceschlösschen. Heute ist die frühere ›Leuchte des Nordens‹ eine kleine, aber feine Lehranstalt mit mehr als 55 Studiengängen für 12000 eingeschriebene Studenten. Mittlerweile nimmt sie einen Spitzenplatz auf dem Gebiet der Medizintechnik und der Entwicklung künstlicher Organe und Biomaterialien ein. Von der Uni genutzt werden auch die historischen Nachbargebäude: das ehem. *Neue Museum* (Georg Adolph Demmler, 1844), das *Ober-*

Hansische Schiffe des 15. Jh., Buchminiatur aus einer Handschrift des Hamburger Stadtrechts, Staatsarchiv Hamburg

Die Hanse

Wismar und Rostock, später auch Stralsund, Demmin, Anklam und Greifswald, waren Mitglieder der Hanse, die sich Ende des 13. Jh. vom Kaufmannsbund zu einem Bund von Kaufmannsstädten wandelte. Unter Führung Lübecks gehörten ihm mehr als 100 Städte an, darunter zahlreiche, im Zuge der ostdeutschen Siedlung entstandene Neugründungen. Mittelpunkte waren die Kontore in Nowgorod, Brügge, London und Bergen. Die Beschlüsse der regelmäßigen **Hansetage**, *der erste fand 1356 statt, waren für alle Mitglieder bindend. Die* **Hanse-Koggen**, *bauchige Handelsschiffe mit einer Aufnahmekapazität von 250 Mann oder 600 t Ware, beherrschten nicht nur den Nord- und Ostseeraum, sondern waren auch entlang der Atlantikküste und im Mittelmeer bekannt. Der Handel regte die Produktion und den Warenaustausch an; Kulturprodukte des Westens gegen Rohstoffe und -produkte des Ostens, Tuche aus Flandern und Eisenwaren aus dem Rheinland gegen Honig, Pelze und Getreide aus Russland. Im einheitlichen Wirtschaftsraum der Ostseeländer entfaltete sich zudem eine reiche* **Städtekultur**, *stets auch mit Reminiszenzen an die ›Mutter‹ Lübeck: Neugründungen erhielten lübisches Recht, die Marienkirche und so manches stolze Bürgerhaus wirkten vorbildhaft. Natürlich ging es nicht immer friedlich zu, wurden auch* **Handelskriege** *ausgefochten. 1370, im Frieden von Stralsund, sicherte sich die Hanse gegenüber Dänemark die Vormachtstellung im Ostseeraum. Ab Ende des 15. Jh. begann der* **Niedergang**, *als in zunehmendem Maße die Holländer erstarkten, sich die Interessen der Städte vereinzelten und die Handelsrouten nach der Entdeckung Amerikas sich änderten.*

Seit der deutschen Einheit besinnt man sich wieder auf Traditionen, Politiker proklamieren die völkerverbindende Idee der Hanse als Urmodell für ein vereintes Europa und auch in den Rathäusern schmückt man sich wieder gern mit dem Titel ›Hansestadt‹.

appellationsgericht (Demmler, 1842), die *Hauptwache* mit monumentaler Säulenvorhalle (Carl Theodor Severin, 1823) und das *herzogliche Palais* mit Barocksaal (1714). 1819 errichtete die Stadt ihrem Sohn, dem preußischen ›Feldmarschall Vorwärts‹ **Gebhard Leberecht von Blücher**, ein Denkmal auf dem Platz – allerdings eher genötigt, als aus eigenem Bestreben. Aufgrund einer irrtümlichen Zeitungsmeldung, die den Bau dieses Denkmals ankündigte, bedankte sich der hocherfreute Blücher bei den nichts ahnenden Stadtvätern. Peinlich berührt, beauftragte man in aller Eile Johann Gottfried Schadow mit der Statue. Die Inschriften stammen von J. W. Goethe.

Vom Klostermuseum ins Hafenviertel

TOP TIPP Nahe der Uni bietet das **Kloster zum Heiligen Kreuz** (15) ein stilles Refugium. Anders als das Michaeliskloster (Bibliothek) in der Rungestraße oder das Katharinenkloster (Kunsthochschule) in der Straße Beim Waisenhaus blieb diese Anlage über Jahrhunderte weitgehend intakt. Die Gründung des Zisterzienserinnenklosters im Jahr 1270 erfolgte auf Initiative der dänischen Königin Margarete. Seit der Reformation bis zur Auflösung im Jahr 1920 kamen hier ledige Töchter reicher Rostocker unter. Kostbarkeiten der *Universitätskirche* sind die mittelalterli-

Geeignet zum Ausruhen nach üppigem Kunstgenuss – der malerische Kreuzhof des Kulturhistorischen Museums im Kloster zum Heiligen Kreuz

chen Ausstattungsstücke: Flügelaltäre, Chorgestühl, Sakramentshaus und Triumphkreuzgruppe. In den übrigen Klosterräumen ist heute das **Kulturhistorische Museum** (Di–So 10–18, Juli/Aug. Do bis 20 Uhr) untergebracht. Eine Oase der Ruhe ist der malerische *Kreuzhof*. Weiß lackierte Parkbänke, die einen Rasen säumen, laden zum Verweilen ein. Im Kreuzgang, Refektorium und Kapitelsaal wird nicht nur über die Klostergeschichte informiert, hier gibt es auch niederländische Malerei des 17. Jh., Rembrandt-Blätter in der Grafischen Abteilung und die größte Sammlung zur Künstlerkolonie Ahrenshoop zu bewundern. Aus der Klassischen Moderne gibt es Skulpturen von Ernst Barlach, Gerhard Marcks, Wilhelm Lehmbruck und Rudolf Belling.

Den westlichen Abschluss der Neustadt bildet das 54 m hohe **Kröpeliner Tor** 16 aus dem 13. Jh., eine *Dependance des Kulturhistorischen Museums* (Mi–So 10–18 Uhr), die Stadtgeschichte ›Von den Wenden bis zur Wende‹ auf fünf Etagen präsentiert.

Ein Tordurchgang der Apostelstraße führt auf die **Lange Straße** 17, die ungewöhnlich breite Ost-West-Verkehrsader der Innenstadt. Der gesamte Straßenzug wurde nach völliger Zerstörung im Zweiten Weltkrieg alsbald mit Fünf- bis Zehngeschossern bebaut, in norddeutscher Backsteinmanier mit Staffelgiebeln, Friesen, Arkadengängen und Dachtürmchen. Schnickmannstraße und Wokrenterstraße (mit Giebelspalier, man beachte das ›Hausbaumhaus‹ von 1490, Haus-Nr. 40) zweigen beide links ab zum **Stadthafen** 18 an der Unterwarnow. Bis 1960 war er der maritime Hauptumschlagplatz, heute erstreckt sich hier das Gelände, auf dem 2003 die **Internationale Gartenbauausstellung** stattfand. Dazu wurde um den Stadthafen das Warnowufer umgebaut, lockte mit Promenade und Pier mit Schwimmenden Gärten. Weitere Attraktionen waren die Gärten der Nationen sowie der Weidendom aus grünenden Ruten, mit 50 m Länge und 15 m Höhe das ›größte Bau(m)werk der Welt‹. Die Gärten Chinas und Japans sowie der Weidendom sollen als dauerhafte Attraktionen Rostocks erhalten bleiben. Weiterhin zu besuchen ist auch das ›Traditionsschiff Typ Frieden‹, in dem u. a. die Ausstellung ›100 Jahre Schiffbaugeschichte‹ zu sehen ist.

Praktische Hinweise

Tel.-Vorwahl Rostock: 0381
Information: Tourismuszentrale Rostock & Warnemünde, Neuer Markt 3, Tel. 3812222, Fax 3812601, Internet: www.rostock.de

Hotels

Elbotel, Fritz-Triddelfitz-Weg 2, Tel. 80880, Fax 8088708, Internet: www.elbotel.de. Rundum saniertes Haus, etwa 3 km außerhalb im Ortsteil Bramow. Großzügige Zimmer mit französischen Betten, Nichtraucheretage, Sauna und Fitnessclub.

Steigenberger Hotel Sonne, Neuer Markt 2, Tel. 4 97 30, Fax 4 97 33 51, Internet: www.hotel-sonne-rostock.de. Komfortabelstes Vier-Sterne-Hotel vor Ort, zentral gelegen.

Restaurants

Braugasthaus zum alten Fritz, Warnowufer 65, Tel. 20 87 80. Schön am Stadthafen gelegen. Hier wird das eigene Bier an Ort und Stelle in großen Kupferkesseln gebraut.

Ratskeller Rostock, Neuer Markt 1, Tel. 5 10 84 60. Älteste Rostocker Gaststätte unter den mittelalterlichen Gewölben des 700 Jahre alten und frisch sanierten Rathauses.

Zur Kogge, Wokrenterstr. 27, Tel. 4 93 44 93. Deftige Hausmannskost und Fisch in vielen Varianten in Rostocks ältester, ausgesprochen rustikaler Schifferkneipe (seit 1856).

Reservierung empfohlen – Fisch, Pils und Korn gibts unter nautischem Krimskrams in Rostocks Traditionslokal ›Zur Kogge‹

Hanse Sail – ein faszinierendes Schauspiel für alle Freunde der Segelschifffahrt

12 Warnemünde

Der zweite ›Hafen von Rostock‹ – Touristenperle mit Flaniervergnügen.

›Rostocks schöne Tochter‹ wird Warnemünde von den Mecklenburgern zuweilen auch genannt, denn seitdem die Rostocker das kleine Fischerdorf 1323 kauften, um sich den lebenswichtigen Zugang zur Ostsee für den eigenen Hafen zu sichern, entwickelte es sich immer mehr zu einem Vorort – was die auf Eigenständigkeit bedachten Warnemünder bis heute freilich nicht gern hören. Schon im frühen 19. Jh. etablierte sich hier der Badebetrieb, und sukzessive machte sich Warnemünde einen Namen als Seekurort. Viele **prominente Sommergäste** aus Berlin, von Theodor Fontane über Kurt Tucholsky bis zu Hans Albers, genossen hier ihre Ferien. Den Kabarettisten Joachim Ringelnatz soll Warnemünde sogar zu seinem ›Kuddel Daddeldu‹ inspiriert haben.

Bei Urlaubern und Rostockern gleichermaßen beliebt ist der breite und feinkörnige Warnemünder **Sandstrand**. Besonders an Sommerwochenenden kann man hier allen Ferienfreuden frönen: vom faulen Sonnenbaden, Wandern und Radfahren bis zum Surfen. An der lan-

Begegnung der Windjammer

Neben der **Warnemünder Woche**, *während der sich alljährlich Anfang Juli namhafte internationale Segler zu Regatten, auch Welt- und Europameisterschaften treffen, findet in Rostock am zweiten Wochenende im August ein spektakuläres Treffen der Großsegler, Traditionssegler und Museumsschiffe statt – die* **Hanse Sail Rostock**. *Dabei können gelernte und nicht gelernte Segelfans bei Voranmeldung ein Großschiff besteigen und die Regatten zwischen Rostock und dem Ostseebad Kühlungsborn hautnah und an Bord miterleben. Bevor das Heer der Großsegler zur Parade ausläuft, gibt es einen ökumenischen Sailor-Gottesdienst, Shantysingen und Hafenkonzerte. Spätnachmittags können die Schiffe nach Herzenslust besichtigt und die Crews in ein Schwätzchen unter Fachleuten verwickelt werden.*

Auskunft: *Hanse Sail, Warnowufer 65, Rostock, Tel. 03 81/2 08 52 33, Fax 2 08 52 32, Mitsegelservice Tel. 2 08 52 26, Fax 4 59 00 50, Internet: www.hansesail.com.*

An der Westmole von Warnemünde – das Leuchtfeuer in aufregendem Licht

gen Seepromenade gibt es einige Pensionen im Stil der Bäderarchitektur, in der Seestraße ergänzt von dem auffälligen Kurhaus im Stil der Neuen Sachlichkeit. Vom etwa 100 Jahre alten **Leuchtturm** (Mai–Sept. tgl. 10–19 Uhr) am Ende der Seepromenade überblickt man den Ort und die See.

Stimmungsvoll ist ein Bummel am **Alten Strom** entlang, den Weg säumen gemütliche Kneipen, Souvenirbuden und kleine Geschäfte in putzigen Fischerhäuschen. Unter dem aufgeregten Gekreisch der Möwen fahren die vollen Fischkutter ein und bringen ihre Ware – gleich frisch ausgenommen, geräuchert oder zwischen zwei Brötchenhälften – an den Mann. Dazu herrscht auf der Mittelmole buntes Geschiebe und Gedränge. Straßenmusiker verbreiten gute Laune und dicht an dicht bieten allerhand Verkaufsstände ihren Schnickschnack feil.

Herzallerliebst ist auch das schmucke **Heimatmuseum** (Alexandrinenstr. 31, Mi– So 10–18 Uhr, Tel. 52667). Darin wird die Entwicklung Warnemündes zum Badeort anhand zahlreicher Exponate dargestellt. Auch der Lebenswelt der Fischer im Warnemünder Raum im Wandel der Zeiten ist eine Ausstellung gewidmet, ebenso wie dem Lotsen- und Seenotrettungswesen.

Die **Pfarrkirche** am Marktplatz besitzt einen kostbaren spätmittelalterlichen Schnitzaltar, vermutlich eine Danziger Arbeit.

Praktische Hinweise

Tel.-Vorwahl Warnemünde: 0381
Information: Tourist-Information, Am Strom 59, Tel. 548000, Fax 5480030, Internet: www.warnemuende.de

Hotels

Hotel Warnemünder Hof, Stolteraer Weg 8, Tel. 54300, Fax 5430444, Internet: www.warnemuender-hof.de. Solides und gut besuchtes Gasthaus der gehobenen Kategorie, reetgedeckt, auch Apartments.

Parkhotel Seeblick, Strandweg 12 A, Tel. 519550, Fax 5195513. Schickes Apartmenthaus direkt am Strand.

Restaurants

Zur Gartenlaube 1892, Anastasiastr. 24, Tel. 52661. Kleine gastronomische ›Offenbarung‹ der Promi-Szene, traditionsreiches Lokal.

Warneminner Deel, Am Strom 75, Tel. 51300. Beliebtes Restaurant der mecklenburgischen Küche mit großer Auswahl an Fisch, Wild und Fleisch.

13 Ostseebad Graal-Müritz

Seeheilbad mit traumhaft langem Strand.

Seit 1960 darf sich der Ort Seeheilbad nennen. Seine Lage mit offenem Meerzugang einerseits und dem ausgedehnten Waldgebiet im Hinterland andererseits beschert dem traditionsreichen Badeort ein **Heilklima**, das besonders Herz-, Kreislauf- und Lungenkranke zu schätzen wissen. 1923 lernte hier der tuberkulosekranke Schriftsteller Franz Kafka beim Kuren die junge Dora Diamant kennen, mit der er dann in Berlin zusammenlebte.

Schmal und flach, dafür kilometerlang, zieht sich vor der Waldküste der weiße **Sandstrand** hin. 350 m lang stößt die neue Seebrücke in die Ostsee hinaus. Hinter der **Heimatstube** (bis auf weiteres geschl.) in der Parkstraße blüht und duftet von April bis Juni der **Rhododendronpark**, der aufgrund des günstigen Seeklimas mit bis zu 6 m hohen Exemplaren bestückt ist.

Ausflüge

Südlich von Graal-Müritz, bis hinunter nach Markgrafenheide, erstreckt sich die **Rostocker Heide**, mit 400 km² das größte Mischwaldgebiet an der mecklenburgischen Küste. Die weitläufigen Wald-, Moor- und Heidebereiche eignen sich für stundenlange und erholsame Wanderungen.

Der 7 km lange, herrlich breite und wunderbar feinsandige Strand zwischen Neuhaus und Markgrafenheide ist ein **FKK-Paradies** (mit Ausnahme der Ortslagen).

Putzige Fischerhäuschen säumen die Alexandrinenstraße von Warnemünde

Praktische Hinweise

Tel.-Vorwahl Graal-Müritz: 038206
Information: Kurverwaltung, Rostocker Str. 3, Tel. 7030, Fax 70320, Internet: www.graal-mueritz.de

Hotels

Hotel Ostseewoge, An der Seebrücke 35, Tel. 710, Fax 71777. Familiengeführtes, komfortables Haus am Strand.

IFA-Grand Hotel, Waldstr. 1, Tel. 730, Fax 73227, Internet: www.ifa-grand-hotel.de. Einfallsreich umgebauter und üppig begrünter Komplex hinter Dünen mit Schwimmbad.

Aushängeschild des Seeheilbads Graal-Müritz ist sein Rhododendronpark

Ostseeküste und Inseln in Vorpommern – vom Meer umarmt

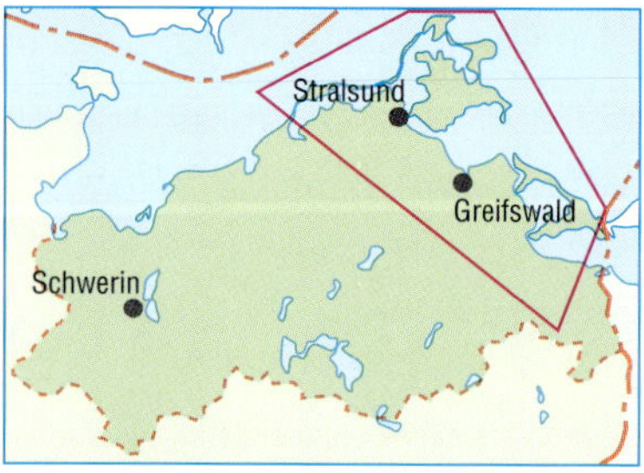

Die Fahrt von Ribnitz-Damgarten über die Halbinsel Fischland-Darß-Zingst und weiter entlang der vorpommerschen Ostseeküste über Stralsund, Rügen, Hiddensee, Greifswald, Anklam und die Insel Usedom führt bis hinunter ins Oderhaff nach Ueckermünde – und damit durch eine grandios abwechslungsreiche **Kultur- und Naturlandschaft**. Besonders auf den Inseln wechseln traumhaft breite **Sandstrände** mit atemraubend steilen **Felsenkliffs** ab. Eine Besonderheit Vorpommerns sind die stark zerklüfteten und **zerrissenen Uferlinien**, die tief eingeschnittenen kleinen und größeren Meeresbodden, die wegen ihrer langen flachen Ufer zum Baden einladen. Zum Küstenbild gehören auch die bizarren **Kiefernwälder**, die über Tag beliebte Motive bei Malern und Fotografen sind, bei fahlem Mondlicht aber zu unheimlichen Gestalten werden. Ständig zerrt der Westwind mit voller Wucht an den Baumkronen, sodass diese ›**Windflüchter**‹ nur zur windabgewandten Seite wachsen. Die mehr als 1000 km lange Boddenküste bis hinunter zum Stettiner Haff ist ein besonders naturgeschütztes Terrain mit fünf Großschutzgebieten.

14 Ribnitz-Damgarten

Hüben Mecklenburg, drüben Vorpommern, aber eine Bernsteinstadt.

Die 1950 vereinigte Doppelstadt hat mit Ribnitz einen mecklenburgischen und mit Damgarten einen vorpommerschen Teil. Die Grenze bildet das Flüsschen **Recknitz**, das hier sumpfiges Gelände umschlängelt, ehe es am Ausgang der Boddenkette in die Ostsee mündet.

Um den Übergang an der wichtigen Handelsstraße zwischen Lübeck und Stralsund zu kontrollieren, erbauten die mecklenburgischen Fürsten um 1200 in Ribnitz eine Burg. Damgarten erhielt erst

Am Saaler Bodden – der Tag geht zu Ende

Bauernhäuser im Freilichtmuseum Klockenhagen

Niederdeutsche Hallenhäuser

Während der letzten sieben Jahrhunderte war das niederdeutsche Hallenhaus vorherrschender Haustyp auf dem mecklenburgischen Lande. Dieser mittelalterliche Bautyp aus dem nordwestdeutschen Raum kam mit der deutschen **Ostexpansion** *im 13. Jh. nach Mecklenburg, als Siedlerfamilien aus Niedersachsen und Westfalen einwanderten und ihren heimatlichen Baustil mitbrachten. Typisch sind die niedrigen Fachwerkwände, das hohe Stroh- oder Rohrdach mit Giebel und das große, meist grün gestrichene Holztor. Innen ist das Erdgeschoss durch ein Holzgerüst aus zwei Ständerreihen in* **Diele** *und die beiden* **Abseiten** *gegliedert. In den sog. Einheitshäusern wohnten Mensch und Tier unter einem Dach, während auf dem Dachboden das Getreide lagerte. Seltener sind Durchfahrtshäuser wie in Alt-Boltenhagen. Im Laufe der Zeit entwickelten die Zimmerleute ziemlich viele Variationen und ließen ihre Fantasie bei Fachwerkmustern und Dachformen spielen. Wohlhabendere Höfe besaßen zusätzlich einen Katen, eine Scheune und einen Altenteiler.*

Mehr als 200 Jahre alte, besonders schmucke Bauernhäuser dieser Art, ein Kräuter- und ein Bauerngarten sowie ein Kaufmannsladen aus dem frühen 20. Jh. sind im **Freilichtmuseum Klockenhagen** *(April– Okt. tgl. 9–17 Uhr, Tel. 03821/2775) westlich von Ribnitz-Damgarten zu sehen.*

1258 die Stadtrechte von Rügenfürst Jaromar II. Wirtschaftlichen Aufschwung brachten im 19. Jh. zwei Segelschiffswerften und im 20. Jh. das Flugzeugwerk Bachmann, das für die Testflüge seiner Wasserflugzeuge auf dem Saaler Bodden günstige Bedingungen vorfand.

Von der mittelalterlichen Verteidigungsanlage mit insgesamt fünf Toren blieben vereinzelt Mauerreste in der Mauerstraße und vor allem das **Rostocker Tor** am westlichen Ende der Langen Straße erhalten. Das Marktbild der Ribnitzer Altstadt wird von dem zitronengelb leuchtenden, klassizistischen **Rathaus** geprägt. Seitlich des Portals erinnert eine Gedenktafel an gefangene Frauen, die hier am 1. Mai 1945 auf ihrem Todesmarsch aus dem Konzentrationslager Barth, einem Außenlager des Frauenlagers Ravensbrück, befreit wurden. Gegenüber erhebt sich die Backsteinkirche **St. Marien**, die innen wie außen mehrfach verändert wurde (Turmbesteigung möglich).

Hauptattraktion der Stadt ist das **Klarissenkloster**, das Heinrich II. von Mecklenburg, genannt der Löwe, 1323 an der Stelle der alten Burg stiftete. Das Kloster erfreute sich der Gunst der Fürsten und wurde so reich mit Grundbesitz und Rechten beschenkt, dass es der Stadt bald wirtschaftlich überlegen war. Bis 1920 fungierte es als evangelisches Damenstift, in dem der mecklenburgische Adel seine unverheirateten Töchter unterbrachte. Prunkstücke der schlichten Klosterkirche sind die berühmten *Ribnitzer Madonnen* – kostbare holzgeschnitzte Heiligenfiguren aus dem 13.

Bernsteinmuseum in Ribnitz-Damgarten: eingeschlossene Eintagsfliege

und 14. Jh. Im Dominahaus des Stifts zeigt das **Deutsche Bernsteinmuseum** (April–Okt. tgl. 9.30–18, Nov.–März Mi–So 9.30–17 Uhr, Tel. 46 22, Internet: www.german-amber-museum.de) seine Schätze. Anschaulich werden hier Gewinnung und technische Verarbeitung des baltischen Bernsteins erklärt. Unter den Exponaten findet sich Kostbares und Kurioses wie in Bernstein eingeschlossene Insekten, die Nachbildung eines Paneelteils aus dem verschollenen Bernsteinzimmer aus dem Katharinenpalast bei St. Petersburg oder ein Bernsteinbär aus dem 3. Jt. v. Chr. Es gibt auch eine Werkstatt, wo man selbst Bernstein schleifen kann. Die Möglichkeit, sich mit Schmuck aus Bernstein, Gold und Silber einzudecken bietet die **Schaumanufaktur Ostseeschmuck** (An der Mühle 20, Tel. 8 85 80).

1999 wurde etwa 30 Autominuten entfernt das **Pilz & Naturerlebnismuseum Neuheide** (Mai–Okt. Di–So 9–17, Nov.–April Di–Fr 14–17, Sa 9–11.30 und 14–17, So 9–11.30 Uhr, Tel. 03 82 06/7 99 21) im Stadtforst eröffnet. Hier erfährt man Wissenswertes zu genießbaren und giftigen Pilzen, außerdem ist eine farbenprächtige Schmetterlingsausstellung zu sehen.

Praktische Hinweise

Tel.-Vorwahl Ribnitz-Damgarten: 0 38 21
Information: Stadtinfo, Am Markt 1, Tel. 22 01, Fax 89 47 50, Internet: www.ribnitz-damgarten.de

TOP TIPP 15 Fischland-Darß-Zingst

Urwüchsige Dünenlandschaft und kilometerlange Sandstrände.

Die etwa 60 km lange Halbinsel mit ihren sanft geschwungenen Boddenbuchten, weißen Sanddünen, weiten Wiesen und verstreuten Häusergruppen bietet ein zauberhaftes Landschaftsbild. Wer lange Strandwanderungen liebt, ist hier richtig. Vom Ostseebad Ahrenshoop beispielsweise kann man stundenlang auf herrlich feinem **Sandstrand** Richtung Darßer Ort und weiter bis nach Zingst wandern. Das Nordufer von Fischland-Darß-

Im Vogelflug über ein beliebtes Feriengebiet – die Halbinsel Fischland-Darß-Zingst

Als überaus stimmungsvoll erweist sich am Abend der lange Sandstrand bei Ahrenshoop

TOP TIPP Zingst gehört zum **Nationalpark Vorpommersche Boddenlandschaft**, in dem sich die Natur weitgehend nach ihren eigenen Gesetzen entwickeln kann. Das Gästezentrum **Darßer Arche** informiert in einer multimedialen Ausstellung über Struktur und Dynamik eines solchen Schutzgebietes (Bliesenraderweg 2, Wieck, Tel. 03 82 33/ 7 03 80, Internet: www.darsser-arche.de).

Festland, Fischland und Darß wuchsen bereits im Mittelalter (14. Jh.) zusammen, der Zingst hingegen führte noch bis ins 19. Jh. ein Inseldasein. Deshalb hat die Halbinsel auch keinen einheitlichen Namen. Heute erschließen zwei Zufahrten die Halbinsel. Entlang der alten Eisenbahnstrecke Barth–Zingst führt nun die Meiningenbrücke über die Enge zwischen Bodstedter und Barther Bodden. Landschaftlich reizvoller ist die Anfahrt über das Ostseebad Dierhagen.

Fischland: Insel der Seefahrer

Eingangstor zur Halbinsel ist **Dierhagen** mit seinen fünf Ortsteilen, den alten Fischerorten *Dierhagen Dorf* und *Dändorf* am Saaler Bodden und den jüngeren Ansiedlungen *Neuhaus*, *Dierhagen Strand* und *Dierhagen Ost* direkt an den Ostseedünen. Als Wanderziel in der südlichen Umgebung bietet sich besonders das Naturschutzgebiet *Großes Ribnitzer Moor* an. Mit etwas Geduld sind hier Fischreiher, Moorfrösche und Eisvögel zu beobachten (organisierte Moorwanderungen durch die Kurverwaltung, Tel. 03 82 26/2 01).

Von Dierhagen Strand aus kann man eine Fahrradtour (8 km) nach **Wustrow** unternehmen, das 755 aus der slawischen Gründung ›Swante Wustrow‹ (Heilige Insel) hervorging und heute an der schmalsten Stelle zwischen Ostsee und Bodden liegt. Am Ort der slawischen Kultstätte steht nun die neugotische *Dorfkirche*, ihr Turm gewährt Ausguck-Vergnügen ohnegleichen. Die geduckten *Kapitänshäuser* in der Linden- und Parkstraße stammen aus der Zeit, als sich der alte Seefahrerort auf dem Höhepunkt seines Wohlstandes befand. 50 Schiffer und 125 Seefahrerfamilien lebten hier um die Mitte des 19. Jh. In dieser Tradition stand auch 1846 die Gründung der Großherzoglich-Mecklenburgischen Navigationsschule, die später in *Hochschule für Seefahrt* umbenannt wurde. Bis 1992 erhielten in dem stattlichen Gebäude junge Männer und Frauen ihre Ausbildung zum Funker, Steuermann, Schiffbauer und Kapitän. Eines der schönsten Beispiele für die zahlreichen rohrgedeckten und bunt bemalten Büdnereien mit ihren krummen Lehmwänden, wie sie für die erste Hälfte des 19. Jh. typisch waren, ist das *Fischlandhaus* in der Neuen Straße 38. Ein kleines Museum (Mo, Di, Do 10–12 und 14–17, Fr 10–12 Uhr) informiert hier über Alltagssitten und -gebräuche auf Fischland.

Nördlich von Wustrow wird der Ostseestrand an manchen Stellen so schmal, dass man ihn trockenen Fußes kaum noch begehen kann. Umso beliebter, aber nicht ganz ungefährlich, ist der Spazierweg entlang des **Hohen Ufers**, auf den absturzgefährdeten Sand- und Lehmkliffs oberhalb des Strandes. Ständig nagt das Meer an dieser Schmalstelle und nimmt

Wustrow hat Saison – Zeesbootregatta

Bodden, Bülten und Zeesboote

Von Ribnitz-Damgarten bis Greifswald erstreckt sich die Boddenkette entlang der vorpommerschen Ostseeküste. **Bodden** *heißt auf Niederdeutsch ›Boden‹ und meint eine große, ziemlich flache Wasserfläche. Manchmal gibt es darin kleine, schilfbewachsene Inseln wie die Jägerbülten und die Meiningbülten im Bodstedter Bodden vor dem Darß. Auf Platt bedeutet* **›Bülten‹** *›Häufchen‹ oder ›Buckel‹.*

Die **Zeesboote** *wurden eigentlich für die Fischerei in den flachen Boddengewässern gebaut. Die Fangemeinde des an seinen braunen Segeln und dem hölzernen Rumpf zu erkennenden Bootstyps veranstaltet alljährlich Zeesbootrennen am ersten Juli-Samstag in Wustrow, am ersten September-Wochenende in Bodstedt sowie 14 Tage später in Ahrenshoop-Altenhagen.*

Auskunft: *Kurverwaltung Wustrow, Tel. 03 82 20/2 51, Fax 253; Bodstedt, Tel. 03 82 31/44 14; Ahrenshoop, Tel. 03 82 20/66 66 10*

ihr jährlich 0,6 m Land. Die Strömung landet die abgetragene Erde als stetig wachsende Sandbänke hinter dem Leuchtturm an der Nordspitze Darßer Ort wieder an.

Worpswede der Ostsee

Weithin bekannt ist **Ahrenshoop** als einstige Künstlerkolonie, denn um 1890 entdeckten die ersten Landschaftsmaler das damals ärmliche Dorf, die Schönheit der Steilufer und die idyllischen Wiesen hinter den Dünen für sich. Mit der Zeit lockte die besondere Atmosphäre auch Bildhauer, Grafiker, Schriftsteller sowie später Film- und Fernsehleute. Schon vor der Wende erhielt der Ort seinen ›Millionenhügel‹, als Verdiente der DDR vor der Düne am Hohen Ufer ihre Ferienvillen errichten durften. Das *Haus Lucas* (Dorfstr. 35) richtete der Maler-Professor Paul Müller-Kaempff 1894 als Malschule für Frauen ein. Zu den bekanntesten ›Einheimischen‹ zählten die Schriftstellerin Käthe Miethe, die mehr als 20 Jahre im Ortsteil Althagen lebte und ihre Romane verfasste, und der Bildhauer Gerhard Marcks, der zwischen 1930 und

Alles Kunst in der früheren Künstlerkolonie Ahrenshoop: Im Kunstkaten werden Ausstellungen zur zeitgenössischen Kunst Mecklenburg-Vorpommerns organisiert

1946 sein Wohnatelier im Boddenweg 1 (Ortsteil Nienhagen) hatte. Das heutige Ahrenshoop steht ganz im Zeichen der Kunst, hier seien nur drei Stellen genannt, an denen Kunstatmosphäre zu schnuppern ist: Im knallig blauen *Kunstkaten* (Strandweg 1, Mai – Sept. tgl. 10–13, 14–17 Uhr, Tel. 03 82 20/8 03 08), den sich die Malerkolonie 1909 als Ausstellungsgebäude einrichtete, organisiert die Kurverwaltung Ausstellungen heute hier lebender oder zeitweise hier arbeitender Künstler und wahrt damit die Tradition der Malerkolonie, die jenseits des Kommerz Begegnungen zwischen Künstlern und Interessenten schaffen wollte. Die Galerie *Neues Kunsthaus Ahrenshoop* (Bernhard-Seitz-Weg 3a, Tel. 03 82 20/8 07 26) zeigt wechselnde Ausstellungen zeitgenössischer Kunst aus Mecklenburg-Vorpommern und den Ostseeanrainerstaaten und veranstaltet darüber hinaus Lesungen und Konzerte. Souvenirs, Keramiken und Schmuck werden in der *Bunten Stube* (Dorfstr. 24) angeboten. Das auffallende Gebäude mit der ›runden Ecke‹ und den breiten Fenstern wurde 1929 vom Bauhausarchitekten Walter Butzek entworfen.

Von allen Orten auf der Halbinsel hat Ahrenshoop – was Kunst, Kommerz und kulinarische Abwechslung angeht – am meisten zu bieten. Es mausert sich zu einer anspruchsvolleren Adresse.

Waldreservat Darß

An die Südküste schmiegt sich das lang gestreckte ehem. Bauern- und Fischerdorf **Born** in eine Bucht des Koppelstroms. Blickfang sind hier die bunten Bauern- und Kapitänshäuser mit ihren geschnitzten Haustüren und den abgewalmten, tief heruntergezogenen Schilfdächern in der Kurzen-, Chaussee- und Nordstraße. Während die Giebelzeichen Aufschluss über den Beruf ihrer früheren Bewohner geben, verhießen die häufigen Sonnenzeichen auf den Türen einen Willkommensgruß für die heimkehrenden Seefahrer. Der Ort ist idealer Ausgangspunkt für Wanderungen in den urwüchsigen **Darßer Wald**, der mit 4700 ha das größte zusammenhängende Waldgebiet des *Nationalparks Vorpommersche Boddenlandschaft* [s. S. 48] darstellt. Das Naturparadies wird im Westen von der sturmgestalteten, ungemein beeindruckenden Abbruchküste mit pittoresken ›Windflüchtern‹ und im Norden vom flachen Anlandungsstrand mit

Bunter Willkommensgruß an einer Tür in Prerow auf dem Darß

seinem Leuchtturm von 1848 begrenzt. Hier betreibt das Deutsche Meeresmuseum das **Natureum** (Sommer tgl. 10–18, Winter Mi–So 11–16 Uhr, Tel. 03 82 33/3 04), das über die Darßlandschaft und ihre Tiere informiert.

Das **Ostseebad Prerow** – Hauptort des Darß – hat den größten und feinsten Sandstrand der Halbinsel, der obendrein abschnittsweise durch den Darßer Wald angenehm windgeschützt liegt. Kein Wunder, dass hier im Sommer Hochbetrieb herrscht. Beim Spaziergang vom Ort zum Strand überquert man den malerischen *Prerow-Strom*, der einst den Darß von der Insel Zingst trennte, bis 1874 die Ostseemündung zugeschüttet wurde. Seither ist der Strom ein stillgelegter Wasserarm. Anschließend trifft man auf die 390 Meter lange Seebrücke. Bildschöne Katentüren zeigt das *Darß-Museum* (Waldstr. 48, Mai–Okt. tgl. 10–17 Uhr, Tel. 03 82 33/6 97 50), zudem reichlich Information über das Alltagsleben einer Region, die jahrhundertelang von der Seefahrt geprägt wurde. Kuriose Mitbringsel der Seeleute werden ebenso gezeigt wie Erzeugnisse der einheimischen Volkskultur. An die maritime Vergangenheit erinnern auf dem Friedhof die schönen Seemannsgrabsteine wie auch die Schiffsmodelle (18./19. Jh.) und -bildvotive in der alten *Backsteinkirche* (1728), die auch einen barocken Kanzelaltar besitzt.

Sturmgestaltete Küstenlandschaft vor gewaltigem Waldreservat – der Darßer Weststrand

Zwischen Meer und Bodden: Zingst

Über die Hohe Düne (16 m) mit ihrem Aussichtspunkt kann man von Prerow ins **Ostseebad Zingst**, den größten Urlaubertreff der Halbinsel, wandern. Schön gelegen ist der Ort zwischen herrlichem Strand und Bodden mit vorgelagerten Inseln. Im Jahr 2000 eröffnete hier ein Kurhaus an der Seebrücke (Tel. 03 82 32/ 8 15 80). Die kleine Insel Bock im Osten erstreckt sich fast bis nach Hiddensee. Dorthin laufen vom Hafen täglich Schiffe zu Boddenrundfahrten und Kurztrips aus.

Sehenswert ist die neugotische *Dorfkirche*, die 1862 nach Entwurf des bedeutenden Berliner Architekten Friedrich August Stüler erbaut wurde. Auf dem *Friedhof* dahinter befindet sich das weiße Grabkreuz der Heimatdichterin Martha Müller-Grählert, die 1908 mit dem Liedtext ›Wo de Ostseewellen trecken an den Strand‹ im norddeutschen Raum bekannt wurde. Ein Gedenkzimmer wurde ihr im *Heimatmuseum Haus Morgensonne* (Strandstr. 1, Sommer Di–Fr 10–17, Sa/So 13–16, Winter Di–Fr 10–16, So 13–16 Uhr, Tel. 03 82 32/ 1 55 61) eingerichtet. In dem hübschen Kapitänshaus wurde alles zusammengetragen, was die Seeleute aus fernen Ländern mitbrachten.

Nach Osten führt ein Wanderweg durch den Osterwald und die Sundische Wiese nach Pramort zum östlichsten Zipfel der Halbinsel (Fahrradverleih und Pferdekutsche ab Parkplatz). Von zwei Aussichtspunkten überblickt man die vorgelagerten Bülten **Groß Werder** und **Bock**, auf denen im Frühherbst Tausende von Kranichen auf ihrem Zug gen Süden rasten.

Praktische Hinweise

Tel.-Vorwahl Ahrenshoop: 03 82 20
Information: Tourismusverband Fischland-Darß-Zingst, Barther Str. 31, Löbnitz, Tel. 03 83 24/64 00, Fax 640 34, Internet: www.fischland-darss-zingst.de

Hotels

Der Fischländer, Dorfstr. 47 e, Ahrenshoop, Tel. 69 50, Fax 695 55, Internet: www.hotelderfischlaender.de. Reetgedecktes Hotel im Landhausstil, nahe am Strand mit Restaurant und Wellnessbereich.

Hotel Blinkfüer, An der Schwedenschanze 20, Dierhagen, Tel. 03 82 26/ 803 84, Fax 803 92. Gepflegtes Haus mit dem sicher besten Restaurant mecklenburgischer Küche auf der Halbinsel.

Landhaus Susewind, Bauernreihe 4a, Ahrenshoop, Tel. 6410, Fax 64126. Privat geführtes, sehr gepflegtes Hotel garni, kleine Sauna und Schwimmbad, direkt am Bodden.

Strandhotel Fischland, Ernst-Moritz-Arndt-Str. 6, Dierhagen Strand, Tel. 038226/520, Fax 52999, Internet: www.strandhotel-fischland.de. Großzügiges Haus der Extraklasse mit Wellnesslandschaft, einmalige Strandlage.

Pension

Captain Pahlens Landhaus, Barther Str. 1, Zingst, Tel. 038232/16810, www.captainpahlen.de. Pension und Ferienwohnungen in reetgedeckter Kate.

Restaurants

Café Namenlos, Am Schifferberg 2, Ahrenshoop, Tel. 6060, Fax 606301. Deftige und schmackhafte Lokalkost mit Meeresgetier und Wild. Eigene Konditorei, Sommerterrasse; angeschlossen ist eine Pension, etwa 70 m vom Strand.

Räucherhaus, Am Hafen, Ahrenshoop, Tel. 6946, Fax 69481. Auf Frisch- und Räucherfisch spezialisierte Gaststätte.

16 Barth

Einst herzogliche Residenz, heute attraktives Segelrevier.

Das Städtchen war von 1316–1605 Residenz der rügischen und später pommerschen Herzöge. Deren Renaissanceschloss verfiel über die Jahrzehnte immer mehr. Auf den Resten nahe des Markts ließen die Schweden 1733 das **Adlige-Fräulein-Stift** errichten. Den Giebel über dem Rundbogenportal der Dreiflügelanlage ziert das Stifterwappen des Schwedenkönigs Friedrich I. Direkt am Markt zieht die stattliche Backsteinkirche **St. Marien** (13./14. Jh.) die Blicke auf sich. Der von Friedrich August Stüler umgestaltete Innenraum bewahrt eine *Bronzetaufe* des 14. Jh.

Die **Reparaturwerft** am Barther Bodden, die heute für Schifffahrtsämter, die Wasserschutzpolizei und Privatkunden arbeitet, steht in der Tradition der einst 15 Reedereien, die hier während der preußischen Herrschaft im 19. Jh. ansässig waren und die Weltmeere mit Segelschiffen beschickten. Durch die Erfindung des Dampfschiffs ging die wirtschaftliche Blüte um die Wende zum 20. Jh. zu Ende. In den letzten Jahren brachte der Hafenausbau neue Impulse.

Zu einem Publikumsmagneten haben sich die **Vineta-Festtage** gemausert, bei denen Schauspieler der Vorpommerschen Landesbühne Anklam und Bürger der Stadt Barth gemeinsam von Anfang Juli bis Mitte August ein Stück aufführen, das vom erbitterten Kampf um die Vorherrrschaft im Ostseeraum handelt. Ort der Inszenierung ist eine Plattform im Westhafen (Tel. 2782, Internet: www.vineta-festtage.de).

Praktische Hinweise

Information: Barth-Information, Lange Str. 16, Tel./Fax 038231/2464, Internet: www.stadt-barth.de

TOP TIPP 17 Stralsund

Plan Seite 56

Hansestadt in traumhafter Insellage: ›Venedig des Nordens‹.

Stralsund ist reich an Sehenswürdigkeiten aus seiner glanzvollen Vergangenheit, als es nach Lübeck die mächtigste Hansestadt des Ostseeraums war. Mit Wismar wurde die Stadt 2002 in die Welterbeliste der UNESCO aufgenommen. Heute leben hier über 60000 Einwohner. Die Stadt – als größte Vorpommerns zugleich Verwaltungszentrum der Region – hat eine außergewöhnliche Atmosphäre, regen Kulturbetrieb, ist voller Charme und Leben.

Wie ein Wasserschloss thront Stralsund auf seiner Insel, die durch Brücken und Dämme mit dem Festland und das Nadelöhr Rügendamm mit Deutschlands beliebter Ferieninsel verbunden ist. Den schönsten Blick auf die imposante Stadtsilhouette mit den drei großen gotischen Kirchen genießt man vom Wasser her.

Geschichte Stralsund entstand im frühen 13. Jh. auf einem Inselhügel, den heute zur Landseite Franken-, Knieper- und Moorteich, zur Seeseite die Meeresenge Strelasund umgeben. Als Reaktion auf die Zerstörung durch die wirtschaftlich konkurrierenden Lübecker im Jahr 1249 sicherte sich Stralsund mittels eines Befestigungswalls und elf Toren, von denen das **Knieper-** und das **Kütertor** (beide 15. Jh.) erhalten blieben. Mit dem Beitritt zur Hanse begann 1293 die wirtschaftliche Blütezeit. Der Krieg zwischen der Hanse und Dänemark endete

Ein faszinierendes Ensemble der Backsteingotik – Nikolaikirche und Rathaus in Stralsund

1370 im ›Frieden von Stralsund‹, der die Vorherrschaft der Hanse sicherte. 1628 stand Wallenstein vor den Toren, aber Schwedenkönig Gustav Adolf leistete Hilfe – dafür blieb die Stadt bis 1815 schwedisch. Dann kam Stralsund mit Pommern zu Preußen. Trotz der schweren Luftangriffe im Oktober 1944 blieben viele wertvolle, heute aber sanierungsbedürftige Baudenkmäler erhalten. Sie zeugen noch heute von Macht und Reichtum der Hansestadt.

Besichtigung Die Stralsunder Altstadt ist von überschaubarer Größe. Einen Rundgang beginnt man am besten am **Alten Markt**, wo die Doppelturmfront der dem Patron der Seefahrer geweihten **Nikolaikirche** ❶ den mächtigen Akzent setzt. Wie häufig bei aufstrebenden Städten des Ostseeraums, orientierten sich auch die Stralsunder bei Baubeginn 1270 am großartigen Vorbild der Lübecker Marienkirche, verzichteten jedoch auf ein Querschiff. Der Innenraum birgt eine unglaubliche Fülle hochkarätiger Kunstschätze, die das wohlhabende Bürgertum über Jahrhunderte spendete oder die Hanseschiffer aus fremden Ländern mitbrachten. Zu den schönsten Ausstattungsstücken gehören die vier Reliefs des *Nowgorodfahrer-Gestühls* (um 1370) mit Szenen der Pelztierjagd, eine überlebensgroße *Anna Selbdritt* (1290), die *astronomische Uhr* des Nikolaus Lilienfeld von 1394, der prächtige barocke *Hauptaltar* von Andreas Schlüter und der aufwendig geschnitzte *Bergenfahrer-Altar* (um 1500).

Nahebei steht ein Juwel der norddeutschen Backsteingotik. Filigran durchbrochen und verziert, dominiert die sechsgiebelige Backsteinfront des **Rathauses** ❷ (Schaugiebel um 1360) die Südseite des Alten Markts. Es wurde zum Vorbild vieler Rathäuser im Ostseeraum. Hinter dieser Ziergiebel-Schauwand verbirgt sich ein barocker Arkadengang mit reizvoller Galerie, in dem früher Handel getrieben wurde. Zum Ensemble am Alten Markt gehört ferner das barocke **Commandantenhaus** ❸, das bis 1815 Residenz des schwedischen Stadtkommandanten war. Vom Selbstbewusstsein des Bürgermeisters Wulflam zeugt der aufwendige Giebel des **Wulflam-Hauses** ❹ schräg gegenüber (um 1358). In der **Mühlen-** und **Mönchstraße** findet sich die Giebelvielfalt Stralsunds: Vom einfachen Dreiecksgiebel über die geschwungenen Segment- und Volutengiebel bis zum Treppengiebel ist hier alles vertreten. In der Mühlenstraße 1 steht das *älteste Giebelhaus* am Ort (13. Jh.), mit Resten einer mittelalterlichen Diele.

Wer lieber der Einkaufslust frönt, der schlendert die den Alten mit dem Neuen Markt verbindende **Ossenreyerstraße** entlang – im 19. Jh. eröffneten hier Wertheim und Tietz ihre ersten Läden.

Das schönste Stadtpanorama des Landes – Blick von der Marienkirche auf Stralsund ▷

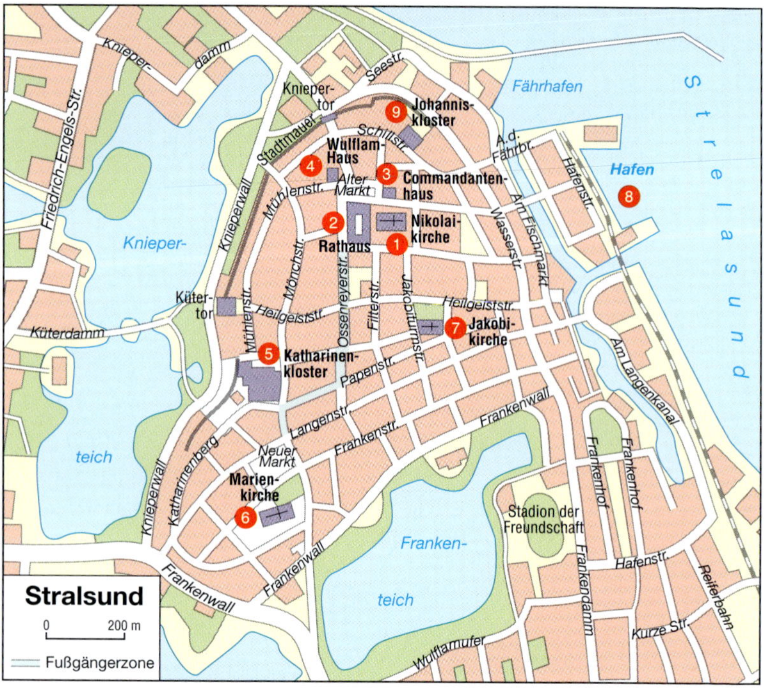

Ein Finnwal im Kloster

TOP TIPP In der Mönchstraße 25–27, im ehem. **Katharinenkloster** 5, einer Niederlassung der Dominikaner des 13. Jh., befinden sich zwei Museen: Publikumsliebling ist das **Deutsche Meeresmuseum** (Katharinenberg 14, Juni –Sept. tgl. 10–18, Okt.–Mai tgl. 10–17 Uhr, Tel. 26 50 10, Internet: www.meeresmuseum.de) in der mit Stahlträgern etagierten Klosterkirche. Hier begeistern Aquarien mit farbenprächtigen Fischen, Seepferdchen und -sternen und anderem exotischen Unterwassergetier. Attraktionen sind ein riesiges *Finnwalskelett*, das von der Decke baumelt und eine Riesenkrabbe.

Vom Japanischen Meer ins Meeresmuseum Stralsund – die größte Krabbe der Welt

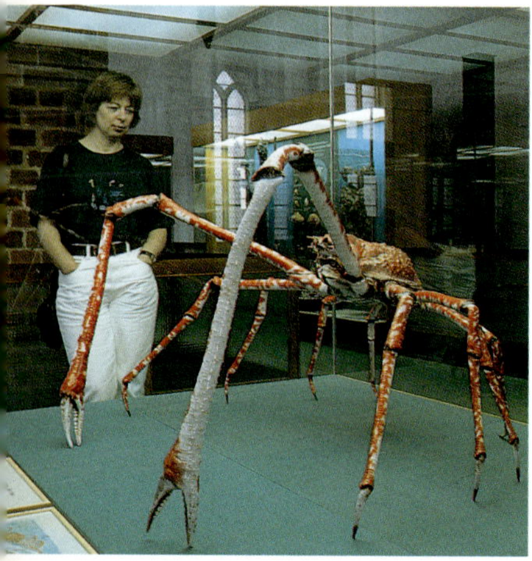

In den angrenzenden Klosterräumen hielt 1924 das **Kulturhistorische Museum** (Mönchstr. 25–27, Di–So 10–17 Uhr, Tel. 2 87 90) Einzug, das auf zwei Etagen eine Ausstellung zur Stadtgeschichte von der Ur- und Frühzeit bis zum Biedermeier präsentiert. Absolutes Glanzstück ist der *Hiddenseer Goldschmuck* aus der Wikingerzeit (9. Jh.): Halsring, Buckelscheibenfibel und 14 Kopien von Anhängern in Kreuzform aus massivem Gold. Der Rundgang führt durch schön gewölbte Klosterräume.

Marienkirche und Jakobikirche

Am Neuen Markt, im Süden des Stadtkerns, steht die gewaltige **Marienkirche** 6. Ihr markanter, barock gedeckter Turm ist wegen lohnender Aussicht ersteigenswert (366 Stufen!). Der Innenraum hingegen wirkt lediglich durch seine fulminanten Ausmaße, da von der mittelalterlichen Ausstattung fast alles verloren ging. Wertvollstes Stück ist die prachtvolle *Barockorgel* des Lübecker Meisters Friedrich Stellwagen.

Die **Jakobikirche** 7 ist das dritte große Gotteshaus der Stadt und zugleich auch das schlichteste, wenngleich es sich mit seinem charaktervollen Turm würdig in das wahrzeichenhafte Turm-Trio Stralsunds einreiht.

Hektik im Hafen und Besinnung im Johanniskloster

Über die Heilgeiststraße und den Fischmarkt erreicht man den **Hafen** 8. Riesengroße Backsteinspeicher, Zeugen der einstigen Bedeutung des Getreidehandels, bilden den architektonischen Rahmen. Der Handelshafen wurde unlängst nach Süden verlegt. Nördlich schließt sich der Fährhafen an, wo die Fischer ihre Tagesfänge an Land bringen und die Schiffe der Weißen Flotte nach Hiddensee und Altefähr auf Rügen auslaufen.

Das **Johanniskloster** 9 (Mai–Okt. Di–So 10–18 Uhr) in der nahen Schillstraße ist eine 1254 gegründete Niederlassung des Franziskanerordens, die seit der Reformation als städtisches Spital genutzt wurde und heute dem Stadtarchiv als Heimstatt dient. Zu besichtigen sind der Kapitelsaal, der gotische Kreuzgang, der Rosengarten, die Barockbibliothek und ein uriger, alter Räucherboden. Die Kirche wurde 1944 bis auf die Umfassungsmauern zerstört. Ganz still ist es um die Kopie der kreuzförmigen Pietà Ernst Barlachs, die seit 1988 unter freiem Himmel, vor der Chorruine, gegen die Unmenschlichkeit des Krieges mahnt. Die Ruine selbst wird mitunter auch als Sommerspielstätte vom ansässigen Theater genutzt.

Praktische Hinweise

Tel.-Vorwahl Stralsund: 03831
Information: Tourismuszentrale der Hansestadt Stralsund, Alter Markt 9, Tel. 24690, Fax 246949, Internet: www.stralsund.de

Kultur

Konzerte, von Juli bis August, jeden Mittwoch im Wechsel in der Nikolai- bzw. Marienkirche.

Wallensteintage im Juli mit Rummel und historischen Märkten auf dem Alten Markt, am Hafen und in den Nebenstraßen.

Unterkunft

Hotel zur Post, Tribseerstr. 22, Tel. 200500, Fax 200510, Internet: www.hotel-zur-post-stralsund.de. Direkt im Altstadtkern und nahe der Pfarrkirche St. Marien.

Mönch Pension, Mönchstr. 60, Tel./Fax 291010. Pension garni in einem liebevoll renovierten, historischen Haus im Herzen der Altstadt.

Schlossparkhotel Hohendorf, Hohendorf, Am Park 7, Tel. 038323/2500, Fax 25061. Renoviertes Schlösschen, 8 km von Stralsund entfernt, mit Suiten und Galerien, Restaurant und Terrassencafé.

Schweriner Hof, Neuer Markt 1, Tel. 288480, Fax 288489, Internet: www.schweriner-hof.de. Mitten im Zentrum, komfortable Zimmer mit etwas altmodischem Charme.

18 Rügen

Deutschlands größte Insel lockt mit vielen Attraktionen: Badefreuden, Kreidefelsen, Residenzen – eine wahre Sehnsuchtsinsel!

Die 974 km² große Insel ist ein kompliziert modelliertes Gebilde, das Kernland zergliedert in zahlreiche Halb- und Nebeninseln. Tief hat sich das Meer ins Land gefressen, Bodden und Buchten gebildet. Betörend ist die **Vielfalt der**

Wilhelm Malte I. Fürst von Putbus (1783–1854), der Initiator des Bädertourismus auf Rügen

Landschaft: Binnengewässer, Wälder, Moore, Trockenwiesen, Heide, Klippen – und Strände, so weit das Auge reicht. Fast 600 km Küste (bei einer Ausdehnung von West nach Ost von lediglich 45 km) zum Baden und Faulenzen! Sehenswert sind aber auch die traditionsreichen **Seebäder** Binz und Göhren – die Kreidefelsen der Stubbenkammer sind ohnehin Pflicht –, das malerische Fischerdorf **Vitt** oder die klassizistische Residenz **Putbus**. Sie ist über eine der grandiosen **Alleen** zu erreichen, die sich auf Rügen wie grüne Arkaden durchs Land ziehen. Kein Wunder also, dass das Juwel Rügen Touristenströme zu bewältigen hat. Glücklicherweise stehen große Teile der Insel, auf der rund 75 000 Menschen leben, unter Naturschutz.

Die slawischen Ranen erwehrten sich lange der anstürmenden Dänen, bis 1168 der christliche Dänenkönig Waldemar die Insel eroberte und mit dem Bau von Kirchen begann. Bis 1325 regierten die *Rügenfürsten* als Lehnsträger der Dänen, ihnen folgten die pommerschen Herzöge – bis zum Dreißigjährigen Krieg, als die Insel schwedisch wurde. Über Jahrhunderte lebten die Rügener vom Fischfang, der Landwirtschaft, der Viehzucht und dem Seehandel.

Initiator des Bädertourismus, der Mitte des 19. Jh. einsetzte, war Wilhelm Malte I., Fürst von Putbus, der seiner Baulust frönend eine Residenz schuf und damit badelustige Gesellschaft auf die Insel holte.

Nach Garz und Zudar

Der über den Strelasund führende Rügendamm verbindet Stralsund mit der Insel. Der Blick zurück auf die faszinierende Stadtsilhouette lohnt!

Als erster Ort wird **Garz** besucht, Rügens älteste Stadt. Ihr Name leitet sich von ›Charenza‹ (slaw. Burg) ab, denn bis zur Zerstörung durch die Dänen im Jahr 1168 stand auf dem Gelände der Freilichtbühne eine slawische Fürstenresidenz mit einem Tempelheiligtum. Zu den Sehenswürdigkeiten zählt das *Ernst-Moritz-Arndt-Museum* (An den Anlagen 1, Mai – Okt. Di–Sa 10–16, Nov. – April Di–Sa 11–15 Uhr, Tel. 03 83 04/ 1 22 12), das Briefe, Fotos und andere Dokumente bewahrt, die den Lebensweg dieses patriotischen Schriftstellers und Wortführers der vorpommerschen Bauernbefreiung nachzeichnen.

Das Geburtshaus des Dichters liegt auf dem nur 4 km entfernten Gut **Groß Schoritz**, wo man im Vestibül Kindheitsdokumente des jungen Arndt studieren kann. Von hier aus ist es nicht weit bis Zicker, einem Ausgangspunkt für Spaziergänge über die von Vogelschwärmen bevölkerte Halbinsel **Zudar**, die südlichste Region Rügens.

Ein Stadt-Juwel: Putbus

TOP TIPP

Die ›weiße Perle auf der grünen Insel‹, wie **Putbus** wegen seiner schneeweißen Bäderarchitektur genannt wird, ist das kulturelle Zentrum

◁ *Dem Paradies schon nah – auf Entdeckungsfahrt vor Rügen*

der Insel. Die auf dem Reißbrett konzipierte, klassizistische Stadt- und Residenzanlage gab Wilhelm Malte I. von Putbus (1783–1854) nach seiner Erhebung zum Fürsten 1808–23 in Auftrag. Vorbild war Bad Doberan – und hier die Kombination aus fürstlicher Residenz und Badeort –, wo seine Familie mit Vorliebe ihre Badeferien verbrachte. Ausgangspunkt aller Planungen war das 1962 abgerissene Schloss am Ufer des Schwanenteichs im Schlosspark. Davon künden noch Reste der Terrassenanlage. Mittelpunkt des Ortes ist bis heute der *Circus*, ein von weißen Kavaliershäusern gesäumtes Rondell mit Obelisk in der Mitte, an dem das sternförmige Wegenetz zusammenläuft. Eindrucksvoll sind die vielen Durchblicke und die lang geschnittenen Achsen – eine wahrhaft durchdachte Anlage, ein fürstliches Schmuckstück. Fürst Maltes *Denkmal* ist seitlich der großen Kastanien zu sehen, im stimmungsvollen *englischen Landschaftsgarten* mit uraltem Baumbestand. Hier liegen weitere herrschaftliche Gebäude: Orangerie, Marstall und das heute verfallene Fasanenhaus. Im Affenhaus haben sich ein sehenswertes Puppen- und Spielzeugmuseum (tgl. 11–16 Uhr, Tel. 03 83 01 / 609 59) sowie ein Museumscafé etabliert.

Putbus besitzt zudem eines der schönsten klassizistischen *Theater* Norddeutschlands. Den edlen Bau mit dem hohen toskanischen Säulenportikus an der Alleestraße schmückt ein Stuckfries ›Apoll und die Musen‹. Auf der Parkanhöhe schräg gegenüber steht die *Schlosskirche*, die Friedrich August Stüler einst vom maroden Ballsaal zum Gotteshaus umfunktioniert hatte.

Die Chaussee am Parkrand führt in den nahen Badeort **Lauterbach** an der Küste

Ein Traum wurde Wirklichkeit – Fürst Malte ließ seine Residenzstadt Putbus in einheitlichem Stil errichten: Der Circus wirkt aus der Luft wie eine große Torte

Grüne Tunnel

In Sellin auf Rügen geht sie los, verläuft dann über Stralsund, Grimmen, Demmin, Malchin, Malchow, Röbel und Mirow auf genau 264 km durch Mecklenburg-Vorpommern, bevor sie bei Rheinsberg ins Brandenburgische entschwindet und weiter gen Süden durch ganz Deutschland bis zur Insel Reichenau im Bodensee führt – die **Deutsche Alleenstraße**.

Wie ein grünes Band ziehen sich seit dem 17./18. Jh. die stolzen Doppelreihen prächtiger, alter Bäume – meist Linden, Buchen oder Kastanien – entlang der Landstraßen und laden zu Spazierfahrten mit dem Auto oder zu sommerlichen Fahrradtouren im kühlen Schatten ein. Eine der schönsten und meistfotografierten Strecken unter grünem Laubtunnel ist der 8 km lange Teilabschnitt auf Rügen zwischen Putbus und Garz.

In den alten Bundesländern fielen viele Alleen in den 1970er-Jahren dem Straßenbau zum Opfer. Heute weiß man, dass dies ein Fehler war, den man in Mecklenburg-Vorpommern nicht wiederholen will. Daher setzt sich die Arbeitsgemeinschaft Deutsche Alleenstraße, an der sich auch der ADAC aktiv beteiligt, für den Erhalt dieser wertvollen Naturdenkmäler ein.

zum Rügischen Bodden, wo Fürst Malte 1817/18 vor der Kulisse des Goor-Waldes für seine Gäste ein *Badehaus* errichten ließ. Die 18-säulige Vorhalle dieser feudalen Dreiflügelanlage erinnert stark an das später von Schinkel erbaute Alte Museum in Berlin. Vom Lauterbacher Hafen geht der Blick zur **Insel Vilm** (tgl. Schiffsausflug u. Inselführung nach tel. Anmeldung, Fahrgastreederei Lenz, Tel. 038301/61896), einem geschützten Naturparadies mit einem unberührten Wald und abwechslungsreichen Küstenabschnitten.

Putbuser Familien-Erinnerungen gibt es auch in **Vilmnitz**. Hier beherbergt die Kirche die Grablege der Grafen und späteren Fürsten zu Putbus, übrigens damals eine der reichsten Familien Rügens und schon seit 1253 in Putbus ansässig.

Traditionsreiche Seebäder

Höchst vergnüglich, ebenso beschaulich wie gemächlich, ist die Reise mit der Schmalspurbahn **›Rasender Roland‹** von Lauterbach Mole über den Putbuser Bahnhof nach Binz (weitere Stationen: Schloss Granitz, Sellin, Baabe, Göhren). Eingebettet zwischen Meer, Schmachter See und Granitzwald, ist das

TOP TIPP

Ostseebad Binz, das größte und beliebteste auf Rügen. Der feine Sandstrand und die windgeschützte Prorer Wiek sind wie geschaffen für Sonnenanbeter und Schwimmer. Das schlossartige *Kurhaus* vom Ende des 19. Jh., die neu erbaute Seebrücke, die Seearchitektur mit ihrer filigranen Ornamentik geben dem Binzer Urlaubsflair den Rahmen. Restaurants, Bars, Discos und elegante Geschäfte sorgen für Kurzweil.

4 km weiter südlich überragt das **Jagdschloss Granitz** (Mai – Sept. tgl. 9–18, Okt. – April Di – So 10 – 16 Uhr, Tel. 03 83 93/22 63) auf dem Tempelberg die ausgedehnten Wälder der Granitz. Den wuchtigen, quadratischen Bau mit zinnenbekrönten Ecktürmen (1836–46) schuf der Berliner Architekt Johann Gottfried Steinmeyer für Fürst Malte. Im Inneren sind das Speisezimmer, mehrere Salons und der Marmorsaal sowie ein Jagdmuseum zu besichtigen. Der Aufstieg in den von Karl Friedrich Schinkel aufgerichteten, 38 m hohen *Aussichtsturm* ist nicht jedermanns Sache, da die äußerst schmale Wendeltreppe, kunstvoll-filigran durchbrochen, den Blick nach unten zieht.

Sellin und **Baabe** sind weitere beliebte Seebäder, wobei sich ersteres durch seine eigenwillig geknickte Seebrücke und hübsche Pensionsvillen, letzteres aber durch geruhsame Atmosphäre auszeichnet. Beide haben wunderbare Sandstrände auf der Meerseite und den Selliner See im Hinterland – verbunden durch eine beeindruckende Steilküste mit ausgedehntem Hochwald.

Mönchgut heißt der südöstlichste Zipfel Rügens, so benannt, weil die Halbinsel einst zum Besitz des Klosters

Überblick über Rügen gewährt Schloss Granitz mit Schinkels Aussichtsturm

Eldena bei Greifswald gehörte. Eine äußerst abwechslungsreiche Landschaft vereint die hügeligen Wälder der Granitz mit den atemraubenden Steilküsten im Osten und den flach auslaufenden Sandstränden gen Süden. Ihr Hauptort ist

Binz – ›Nizza der Ostsee‹: Der Prunkbau des Kurhauses öffnet sich zum Strand

Trubelige Badewonnen am Strand des bezaubernden Badeorts Sellin

Göhren, seit Ende des 19. Jh. als Seebad berühmt und noch immer viel vom Charme jener Zeit ausstrahlend. Obendrein ist Göhren das reinste Museumsdorf: Wer etwas über die reiche Volkskultur des Mönchguts und seine geologische Entstehung erfahren will, geht am besten ins *Heimatmuseum* (Mitte April–Mitte Okt. tgl. 10–17, Juni–Aug. bis 18 Uhr, sonst tgl. 10–16 Uhr) in der Poststraße. Die Besonderheiten der bäuerlichen Kultur, die sich unter dem Einfluss von Eldena herausbildete, zeigt der *Museumshof* (Strandstr., Mitte April–Mitte Okt. tgl. 10–17, Juni–Aug. bis 18 Uhr, sonst Mo–Fr 10–16 Uhr), eine Freilicht-Hofanlage etwa aus dem Jahr 1600 mit agrarhistorischer Ausstellung. Die charakteristische Bauweise eines schornsteinlosen Zuckerhut-Haustyps mit tief herabgezogenem Reetdach lernt man im *Rookhuus* (Mitte April–Mitte Okt. tgl. 14–17, Juni–Aug. tgl. 11–17 Uhr, sonst nur Gruppen auf Anfrage, Tel. 03 83 08/21 75) in der Thiessower Straße kennen. Einen Eindruck von der beengten Lebensweise an Bord eines alten Fracht-Motorseglers gewährt das *Museumsschiff ›Luise‹* (Mitte April–Mitte Okt. tgl. 10–13, Juni–Aug. tgl. 11–17 Uhr, sonst nur Gruppen s. o.) hinter den Dünen am Südstrand.

Ein beliebtes Wanderziel im südlichen Winkel des Mönchguts ist das *Pfarrwitwenhaus* in **Groß Zicker**. Das pittoreske Hallenhaus (1723) mit kleiner Ausstellung im Inneren ist eines der ältesten Wohnhäuser auf Rügen.

Im Herzen der Insel: Bergen

18000 Einwohner und zentral gelegen – **Bergen** ist zugleich größte Stadt und wirtschaftlicher Mittelpunkt Rügens. Der Bau der gewaltigen *Marienkirche* (1193) am Markt geht auf die Initiative des getauften Rügenfürsten Jaromar I. zurück. Ihre (restaurierten) mittelalterlichen Wandmalereien führen paradiesische Freuden und die grauenvolle Pein der Hölle vor Augen. 1989 machte die Marienkirche als Treffpunkt des Widerstandes gegen den DDR-Staat von sich reden. Im Klosterhof gegenüber zeigt das *Stadtmuseum* (Mai – Sept. Mo – Sa 10 – 17, Okt. – April Mo – Fr 10 – 16 Uhr, Tel. 0 38 38 / 25 22 26) Exponate zur Geschichte der Insel. Dort erfährt man auch, dass sich seit dem 8. Jh. auf der 90 m hohen Hügelkuppe nordöstlich vom Markt die slawische Burg Rugard (Rügenburg) befand, genau dort, wo sich heute der *Ernst-Moritz-Arndt-Turm* erhebt. Grenzenloser Weitblick bietet sich vom Aussichtsbalkon über ganz

Robin Hood der Ostsee

Klaus Störtebeker, *der berühmteste Seeräuber des deutschen Mittelalters, war Anführer der* **Vitalienbrüder**, *die 1389 das von den Dänen belagerte Stockholm im Dienst des Schwedenkönigs Albrecht über drei Jahre mit Lebensmitteln (Vitalien) versorgten, indem sie fremde Schiffe kaperten. Ihre Schiffe wurden in Wismar und Rostock ausgerüstet. Auch später setzte die Freibeutertruppe ihre Überfälle auf eigene Faust fort, solange, bis Störtebeker 1402 von den Hanseflotten erwischt und in Hamburg hingerichtet wurde. Als volkstümlicher Held wird der Seeräuber seitdem in örtlichen Sagen verherrlicht. Alljährlich finden Ende Juni bis August die* **Störtebeker-Festspiele** *(Tel. 0 38 38/ 3 11 00, Fax 31 31 92, Internet: www. stoertebeker.de) in Ralswiek statt.*

In Positur – Piraten der Ostsee in Ralswiek ▷

Rügen, bis Stralsund und hinaus auf die offene See! Besucherströme ziehen sommers ins nördlich gelegene **Ralswiek**, wenn dort auf der Freilichtbühne – vorne der Jasmunder Bodden und hinten ein Neorenaissanceschloss als Kulisse – die *Störtebeker-Festspiele* gefeiert werden.

Halbinsel Jasmund

Entree zum Ziel aller Rügen-Besucher, den berühmten Kreidefelsen, ist die Hafenstadt **Sassnitz** auf Jasmund, der Binz ab 1900 den Rang als bevorzugte Badestadt ablief. Erwähnenswert ist, dass Johannes Brahms 1876 hier seine 1. Sinfonie c-Moll vollendete und Lenin 1917 – aus der Schweiz kommend – von hier mit dem Fährschiff Richtung Schweden fuhr, um nach Petersburg zu gelangen.

Hochmoore und dichte Buchenwälder sind charakteristisch für den *Nationalpark Jasmund* (30 km²) – Revier für Seeadler, Lurche, Dam- und Rotwild –, der auch die begehrten Kreidefelsen schützt.

TOP TIPP Und Schutz tut Not bei jährlich 1,5 Mio. Besuchern am **Königsstuhl**, Pilgern auf den Spuren des romantischen Malers Caspar David Friedrich zum 117 m tief zur See abfallenden Felsen der Sehnsucht. Grandiose Blicke auf Küste und Meer erhascht man von dieser – gebührenpflichtigen! – Plattform (die Zufahrtsstraße ist ab Hagen gesperrt, von dort regelmäßiger Bustransfer). Noch spannender ist der Fußmarsch über den Hochuferweg von Sassnitz aus. Nach 1 Std. passiert man die bizarren Zacken der **Wissower Klinken** – standen sie dem Maler Modell für seine ›Kreidefelsen auf Rügen‹ von 1818? Insgesamt 9 km sind bis zur **Stubbenkammer** zu absolvieren, unterbrochen immer wie-

Trittfest muss sein, wer auf Rügen über Leitern den Abstieg die Klippen hinunter wagt

Caspar-David-Friedrich-Blick auf smaragdgrünes Meer – Ort der Sehnsucht und der Träume. Wind und Wetter haben die Kreidefelsen der Wissower Klinken bizarr zernagt

der vom Leuchten der Kreidefelsen – am schönsten frühmorgens das flirrende Weiß zum Blau der See und Grün der Wälder und am besten von der *Viktoria-* oder *Ernst-Moritz-Arndt-Sicht* zu genießen. Trittfest muss sein, wer die Möglichkeiten zum Abstieg die Klippen hinunter wahrnimmt, am Strand aber lohnen überwältigende Aufblicke über Kreidezinnen und -kegel die Mühsal. Wer die Abbruchküste vom Meer her bestaunen will, findet dazu Gelegenheit am Sassnitzer Hafen.

Im hohen Norden: Wittow

Glowe auf Jasmund (in der Nähe Schloss Spyker, 16. Jh., heute Hotel) und Juliusruh auf Wittow sind durch den schmalen Landstreifen der **Schaabe** miteinander verbunden – ein kilometerlanges, fantastisches Strandrevier! Rügens nördlichste Region bildet die flache, windige Halbinsel Wittow mit dem viel besuchten **Kap Arkona** (ab Putgarten nur per Arkona-Bahn, in der Saison im 10-Min.-Takt) und seinen *Leuchttürmen* an der Spitze der Landzunge. Der ältere, viereckige wurde 1829 nach Plänen von Karl Friedrich Schinkel in Backstein errichtet und bietet von seiner Plattform eine schöne Aussicht. Im Wärterhaus kann man Souvenirs, Bücher und Rügenkeramik kaufen. Der zweite, runde

◁ *Kap Arkona: Schinkels Leuchtturm spendiert schöne Aussicht, der runde Amtsnachfolger sendet noch Signale*

Turm mit weit reichendem Leuchtfeuer löste den Schinkel-Turm 1902 ab. Der Fußweg entlang der Steilküste führt zu Burgwallresten einer slawischen Tempelanlage, die dem Gott Swantevit geweiht war.

Nur 1 km entfernt liegen die malerischen Reetdachhäuser des unter Denkmalschutz stehenden kleinen Fischerdorfs **Vitt**. Es wurde bekannt durch seine Fischerkapelle auf einer Anhöhe, auf der der evangelische Theologe Gotthard Ludwig Kosegarten Anfang des 19. Jh. seine Uferpredigten für die Fischer hielt, die, in stündlicher Erwartung des Heringszugs, keine Zeit für den Besuch der Kirche in Altenkirchen hatten. Das Altarbild ›Die Rettung aus Seenot‹ ist eine Kopie des Originals von Philipp Otto Runge in der Hamburger Kunsthalle.

Gingst und Ummanz

Im Westen der Insel sind die *Historischen Handwerkerstuben* (Mai–Sept. tgl. 10–17, Okt. bis 16 Uhr, Nov.–April Mo–Fr 10–16 Uhr) in **Gingst** einen Besuch wert. Die beiden reetgedeckten Weberhäuschen an der Hauptstraße bilden eines der nettesten Kleinmuseen des Landes. In drangvoller Enge sind hier historische Arbeitsgeräte der einheimischen Handwerkerzünfte ausgestellt.

Faszinierend für Naturliebhaber ist die Insel **Ummanz** mit den Rast- und Brutstätten der Kraniche in der Nähe des Ortes **Suhrendorf**. In der Kirche des abgeschiedenen Örtchens **Waase** überrascht das fein geschnitzte flandrische Altarretabel (1520).

Praktische Hinweise

Information: Tourismuszentrale Rügen, Am Markt 4, Bergen, Tel. 03838/80770, Fax 254440, Internet: www.ruegen.de

Flugplatz Güttin, 5 km nördlich von Samtens, Tel./Fax 038306/1289. Tgl. 10–18 Uhr Inselrundflüge sowie Bedarfslinienflüge von Berlin-Tempelhof.

Unterkunft

Haus Delfs, Schwarbe Siedlung 16, Altenkirchen, Tel./Fax 038391/12368. Nette Ferienwohnungen in idyllischem blauen Reetdachhaus mitten auf der Halbinsel Wittow.

Haus Heidelberg, Marienstr. 7, Ostseebad Göhren, Tel. 0331/2015595, Fax 2015996, Internet: www.hausheidelberg.de. Denkmalgeschützte Villa im klassischen Bäderstil mit Apartments. 3 Min. Fußweg zum Strand.

Haus Strandeck, Strandstraße 12, Ostseebad Göhren, Tel. 038308/66660, Fax 666613, Internet: www.avr.de. Haus im schneeweißen Bäderstil, nah am Strand, mit Kur- und Gesundheitszentrum.

Höchst lebendig geht es im Biergarten des Fischerdörfchens Vitt zu

Hotel Clemens, Dorfstr. 14, Lauterbach, Tel. 03 83 01 / 8 20, Fax 82 51. Freundliches Haus mit Blick auf die Insel Vilm, Restaurant, Jacht- und Fischereihafen vor der Tür.

Hotel-Pension Villa Seestern, Mühlenstr. 5, Sassnitz, Tel. 03 83 92 / 3 32 57, Fax 3 67 65. Schöne alte Villa mit eigener Fisch-Brasserie und Blick vom Frühstückstisch über die Ostsee.

Hotel Solthus am See, Bollwerkstr. 1, Ostseebad Baabe, Tel. 03 83 03 / 8 71 60, Fax 87 16 99, Internet: www.solthus.de. Einmalig ruhig gelegen, reetgedeckt, mit Schwimmbad und Wellnessbereich.

Hotel Strandhaus Lobbe, Göhrener Weg 1, Lobbe, Tel. 03 83 08 / 6 66 60, Fax 66 66 13, Internet: www.avr.de. Ästhetisch eingerichtete Apartments und Zimmer mitten im Biosphärenreservat Mönchsgut. 100 m bis zum Strand.

Hotel Villa Salve, Strandpromenade 41, Ostseebad Binz, Tel. 03 83 93 / 22 23, Fax 1 36 29. Hübsche Jugendstilvilla direkt am Strand, schlichte Zimmer, Restaurant nach Art einer französischen Brasserie.

Landhaus Seerose, Dorfstr. 11 a, Middelhagen, Tel. 03 83 08 / 2 57 07. Schlicht, aber nett möblierte Apartments im schmucken reetgedeckten Landhaus am Biosphärenreservat Mönchsgut.

Pension Jasmund, Boddenstr. 50, Lietzow, Tel./Fax 03 83 02 / 30 33. Neu erbaute Frühstückspension, Balkone teilweise mit Blick auf den Jasmunder Bodden, Sauna.

Ringhotel Villa Aegir, Mittelstr. 5, Sassnitz, Tel. 03 83 92 / 30 20, Fax 30 27 77, Internet: www.hotel-villa-aegir.de. Alte Bäderstilvilla mit kleinen Holzbalkonen, gutbürgerliches Restaurant.

TOP TIPP **Silence Panoramahotel Lohme**, Dorfstr. 35, Lohme, Tel. 03 83 02 / 92 21, Fax 92 34, Internet: www.lohme.com. Das Haupthaus am Steilhang über dem Lohmer Hafen ist schlicht und hell möbliert, die Abendstimmung auf der Veranda mit Blick über die Tromper Wiek einmalig.

Villa Sturmvogel, Strandpromenade 4, Ostseebad Binz, Tel. 03 83 93 / 4 01 40, Fax 40 14 40. Ferienwohnungen teilweise mit Blick auf den Kreidefelsen sowie Sauna. Direkt am Sandstrand.

Restaurants

Hotel-Restaurant Meeresblick, Friedrichstr. 2, Göhren, Tel. 03 83 08/6 66 60, Fax 66 66 13, Internet: www.avr.de. Hier kocht Peter Knobloch, einer der sechs besten und bekanntesten Küchenchefs Mecklenburgs.

TOP TIPP **Kliesow's Reuse**, Dorfstr. 23 a, Alt-Reddevitz bei Middelhagen, Tel. 03 83 08 / 21 71. Taufrische Fischgerichte in einer umgebauten rustikalen alten Scheune. Ferienwohnungen und Obstgarten.

Restaurant Haus Schwanebeck, Margarethenstr. 18, Ostseebad Binz, Tel. 03 83 93 / 20 13. Menü mit vielen Produkten aus der Region. Angeschlossen ist eine Pension.

Restaurant Vierjahreszeiten im Schlosshotel Spyker, Schlossallee, Spyker, Tel. 03 83 02 / 7 70. Große Tafelfreuden unter barocken Stuckdecken, im gotischen Gewölbekeller oder im Biergarten.

Zum Schwarzen Bären, Dorfstr. 8, Lauterbach, Tel. 03 83 01 / 8 86 90. Traditionelle Gaststätte, die für die besten Bratkartoffeln der ganzen Insel berühmt ist.

19 Hiddensee

Auf ›Capri von Pommern‹ geht alles gemächlich, hier fährt der Eilige Fahrrad.

Die reizvolle Naturinsel ist entweder von Stralsund aus oder von Schaprode/Rügen per Personenfähre zu erreichen.

»Dat söte Länneken«, wie die 17 km lange und an breitester Stelle nur 3,75 km messende Insel von ihren heute etwa 1300 Einwohnern liebevoll betitelt wird, bricht die von Westen auf Rügen zurollenden Wellen. Ihr Kapital ist die Natur. Eine einzige Straße führt von Norden nach Süden über die Orte Kloster, Vitte und Neuendorf. Hiddensee ist fast ›autofreie Zone‹, was vor allem Wander-, Pferde- und Radfreunde begeistert. Seit 1990 ist Hiddensee Teil des Nationalparks Vorpommersche Boddenlandschaft. Zu den wenigen vollkommen naturbelassenen Räumen der Ostsee gehören der **Alt-** und **Neubessin** im Norden, die ihre ›Finger‹ gen Rügen strecken, und an der Südspitze das weite Land des angespülten **Gellen**. Durch Sturm und Regen bilden sich hier im Jahresdurchschnitt 50 m Neuland. Ein

Der Hiddenseer Goldschmuck – wo er gefunden wurde, blieben nur die Kopien

begeisterndes Wanderrefugium im Norden sind die **Steilufer des Dornbusch**, vor Jahrtausenden von Gletschern zusammengeschobene Moränenhügel. Einen schönen Inselüberblick gibt es dort vom viel fotografierten Leuchtturm aus.

Zentrum der Insel ist **Kloster**, benannt nach der 1296 gegründeten Zisterzienserabtei, von der bis auf einen Torbogen aber nichts erhalten ist. Ein komplettes Modell befindet sich im *Heimatmuseum* (April–Okt. tgl. 10–16, Nov.–März Fr/Sa 11–15 Uhr, Tel. 363) im ehem. Seenotrettungshaus. Bekanntestes Ausstellungsstück sind die Kopien des 1872 am Strand angeschwemmten *Hiddenseer Goldschmucks* (Original in Stralsund, s. S. 56), ein besonders kostbares Beispiel Wikingscher Goldschmiedearbeit. Die schlichte, gotische *Dorfkirche* ist vom malerischen Inselfriedhof umgeben. Hier liegt auch der Dichter Gerhart Hauptmann begraben, der nach seinem Tod in Schlesien hierher überführt wurde. Nachdem sich die Schönheit und Abgeschiedenheit von Hiddensee in den 80er-Jahren des 19. Jh. herumgesprochen hatte, machten Literaten, Schauspieler, Maler und Musiker hier regelmäßig Ferien, darunter auch Thomas Mann, Sigmund Freud, Gustav Gründgens, Albert Einstein und Joachim Ringelnatz. Hauptmann selbst liebte die Insel über alles und erwarb 1930 TOP TIPP **Haus Seedorn** (Mai–Okt. tgl. 10–17, Nov.–April tgl. 11–16 Uhr, Tel. 397) und verbrachte hier bis 1943 jährlich die Sommermonate. Seine Arbeits- und Wohnräume mit Schreibtisch, Stehpult und eigenhändigen Notizen an der Wand über dem Bett sind erhalten und erlauben einen Einblick in das Schaffen des bedeutendsten deutschen Dramatikers des Naturalismus.

Haus Seedorn: Sommers finden in der Gerhart-Hauptmann-Gedenkstätte auch Lesungen statt

Im Sattel die Insel erkunden – die schnellste Art der Fortbewegung auf Hiddensee

Größter Ort der Insel ist das einstige Fischerdorf **Vitte**. Zwei Häuser sind hier begehrte Fotomotive. Die reetgedeckte *Blaue Scheune* diente schon in den 20er-Jahren des 20. Jh. als Künstleratelier – aus jener Zeit stammt auch der markante Anstrich. Originell ist das wegen seiner abgerundeten Ecken ›*Karusel*‹ genannte Haus am Seglerhafen, das der Ufa-Stummfilmstar Asta Nielsen mit etlichen Künstlergästen bewohnte.

»Ich gehe nach Süden«, sagen die Hiddenseer und wollen in die 5 km entfernte Fischersiedlung **Neuendorf**. Dieses sympathische Fleckchen mit reetgedeckten Häusern und urigen Schifferkneipen ist seit Jahren denkmalgeschützt.

Praktische Hinweise

Information: Insel Information Hiddensee, Norderende 162, Vitte, Tel. 03 83 00/6 42 26, Fax 6 42 25, Internet: www.seebad-insel-hiddensee.de

Schiff

Boddenkreuzer und Fähren steuern während der Saison mehrmals Hiddensee an: **Reederei Oswald**, ab Zingst/Fischland, Tel. 03 82 32/1 66 77; **Breege**, ab Rügen; Tel. 03 83 91/84 52; **Weiße Flotte** ab Stralsund, Schaprode und Wiek auf Rügen. Wer sich direkt ans Ziel fahren lassen möchte, mietet bei der Reederei am besten ein **Wassertaxi**, Tel. 03 83 00/2 10.

20 Greifswald

Plan Seite 69

Beschauliches Universitätsstädtchen in günstiger Lage zu Rügen und Usedom.

Greifswald ist eine gemütliche Kleinstadt, in der Vergangenheit und Gegenwart ein anregendes Miteinander eingehen, denn schon die Studenten der Ernst-Moritz-Arndt-Universität sorgen für ein junges Flair. Die 60 000-Einwohner-Stadt (davon 6 500 Studenten) hat die Vorzüge einer lebendigen Kulturstadt mit Jazz-Veranstaltungen, Studentenkneipen und Livemusik. Berühmte Greifswalder Söhne sind der Maler Caspar David Friedrich (1774–1840) und der Schriftsteller Hans Fallada (1893–1947).

Geschichte 1199 gründeten dänische Zisterziensermönche an der Mündung des Flusses Ryck das Kloster Eldena, um das sich alsbald Kolonisten scharten. Mit dem Erhalt des Lübischen Stadtrechtes setzte ab 1250 der wirtschaftliche Aufstieg ein und 1299 war die Stadt Mitbegründerin der ›Wendischen Hanse‹. Den Reichtum begünstigte eine Saline, die bis 1872 in Betrieb war. Während des Zweiten Weltkriegs blieb Greifswald zwar von Zerstörungen verschont, doch sozialistische Planer setzten der Stadt heftig zu: Bei der 1976 begonnenen Sanierung schob man verfallene Patrizier- und Bürgerhäuser wie Schachteln ineinander und pflanzte ›moderne Wohnsilos‹ dazwischen.

Besichtigung Drei markante Kirchtürme – ›dicke Marie‹, ›kleiner Jakob‹ und ›langer Nikolaus‹ genannt – prägen die Stadtsilhouette. Den elegantesten hat ohne Zweifel der **Dom St. Nikolai** 1, seinem quadratischen Unterbau sitzt ein von einer grazilen Barockhaube (1653) gekröntes Oktogon auf. Man kann dieses fast 100 m hohe Wahrzeichen der Stadt hinaufsteigen und wird anschließend mit einem formidablen Blick über Greifswald belohnt. Der nüchterne Raumeindruck mit den weißgekalkten Wänden stammt von einer neugotischen Restaurierung des 19. Jh. Sehenswert sind die Seitenkapellen, mittelalterliche Wandmalereien und das Rubenow-Bild, ein Gruppenporträt der ersten Greifswalder Universitätsprofessoren (1460).

Wer in die schmale Lappstraße einschwenkt, gelangt zum **Marktplatz** 2 (Wochenmarkt Di / Do / Fr 8–17, Sa 8–13 Uhr), dem denkmalgeschützten Kern der Altstadt. Die rahmende Architektur mit dem barocken *Rathaus* und den auffallend prächtigen *Giebelhäusern* (Markt 11, 13) schafft eine stimmungsvolle Kulisse. Hier vereinigen sich Lange Straße und Schuhhagen zur **Fußgängerzone**, die sich mit vielen kleinen Einzelhandelsgeschäftchen langsam zu einer charmanten Shoppingmeile mausert. An dieser Stelle bietet sich ein Abstecher zum **Pommerschen Landesmuseum** 3 (Mai–Okt. Di–So 10–18, Nov.–April bis 17 Uhr) in der Mühlenstr. 15 an, dessen endgültige Fertigstellung für das Jahr 2005 geplant ist. Highlights der dazugehörigen *Gemäldegalerie* sind Handzeichnungen, Aquarelle und Ölgemälde des 1774 hier in Greifswald geborenen Caspar David Friedrich.

Bildschön ist die Barockhaube des Greifswalder Doms, sie gewährt obendrein eine gute Rundumsicht

Nicht zu übersehen ist der voluminös gedrungene Turm der **Marienkirche** 4 (um 1280), eine der wenigen Hallenkirchen des Landes mit geradem Ostab-

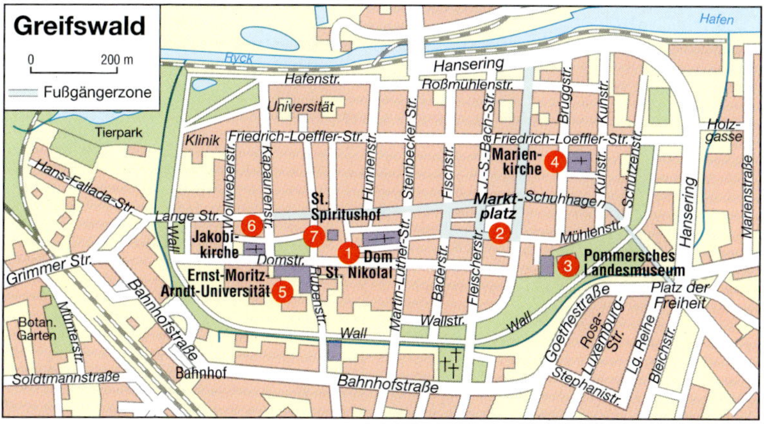

schluss. Während außen der reich verzierte Ostgiebel fasziniert, besticht im Inneren der schöne Kontrast des backsteinroten Pfeilerwaldes zum weißen Gewölbe mit den zarten Kreuzrippen. 1806 von Napoleons Truppen zweckentfremdet, verlor die Marienkirche fast ihre gesamte Innenausstattung. Zu bestaunen sind eine feine Renaissancekanzel (1587), das Altarbild, eine Kopie Correggios ›Heiliger Nacht‹, der Schrein eines spätgotischen Flügelaltars sowie der Grabstein Heinrich Rubenows.

Am begrünten **Rubenowplatz**, im Westen der Stadt, erinnert ein *Denkmal* (1856, nach Entwürfen von Friedrich August Stüler) an die Verdienste des Universitätsgründers. Am Silvestermorgen 1462 wurde er von politischen Gegnern ermordet. An der Südseite dieses Platzes liegt der stattliche Barockbau (1750) der **Ernst-Moritz-Arndt-Universität** 5. Ihre prachtvolle Aula kann auf Anfrage besichtigt werden. Die Alma Mater besteht seit 1456 und ist damit nach Rostock die zweitälteste in Nordeuropa. Bedeutende Forscher haben hier gelehrt und gelernt, u. a. der Humanist Ulrich von Hutten, der Reformator Johann Bugenhagen, der Chirurg Ferdinand Sauerbruch, der Dichter Ernst Moritz Arndt und Turnvater Jahn. Mittlerweile studieren 6 500 Studenten so unterschiedliche Fächer wie Baltistik und Betriebswirtschaftslehre.

Einen Steinwurf entfernt ist die **Jakobikirche** 6 zwar die kleinste im Bunde der Greifswalder Gotteshäuser, hat aber ein interessantes Turmportal. Ein idyllisches Refugium zum Schauen und Stöbern ist gleich um die Ecke der **St. Spiritushof** 7 (Eingang Lange Straße 43). Das alte Hospital besteht heute aus niedrigen Fachwerkhäuschen des 18. Jh., die teils als Künstlerateliers und Café, teils als Altenheim genutzt werden.

Ausflüge

Unübersehbar an der Wolgaster Straße zwischen Greifswald und Eldena ragt das *Ostseeviertel* in den Himmel. Wie die südlichen Vorort-Plattenbausiedlungen Schönwalde I und II ist es eine ›Errungenschaft‹ der 70er-Jahre des 20. Jh., als Arbeiterwohnungen für das Nachrichten-Elektronikwerk und das erste DDR-Großkernkraftwerk Lubminer Heide benötigt wurden. Das Kraftwerk wurde 1990 stillgelegt.

Wer weiter stadtauswärts fährt und links in die Straße ›An der Mühle‹ einbiegt, gelangt zu einem Parkplatz, von dem aus die **Klosterruine Eldena** in 5 Min. zu Fuß zu erreichen ist. Die imposante Ruine der 1199 gegründeten Zisterzienserabtei machte der Maler Caspar David Friedrich zu Beginn des 19. Jh. durch verschiedene Gemälde mit ganz unterschiedlichem Umfeld zu einem der bekanntesten Naturschauplät-

Die Ruine der alten Zisterzienserabtei Eldena begeisterte schon die Romantiker

Van Gogh lässt grüßen – die hölzerne Klappbrücke von Wieck ist eine Attraktion

zen der deutschen Romantik. Schon damals waren die Reste des nach dem Dreißigjährigen Krieg als Steinbruch genutzten Klosters bereits erstmals konserviert worden, die umliegende Parkanlage wurde vom preußischen Gartendirektor Peter Joseph Lenné gestaltet. Erhalten sind Teile der Klosterkirche mit Spitzbogenfenstern, der Klausurgebäude und des Kreuzgangs. Ein heißer Tipp sind die sommerlichen Klassik- und Jazz-Freiluftkonzerte (Greifswald Information, Tel. 03834/521380), die sich vor der malerischen Kulisse der Klosterruine unter uralten Eichen allergrößter Beliebtheit erfreuen.

Nur 10 Min. entfernt führt eine historische *Klappbrücke* (1886) über den Fluss Ryck in das hübsche Dörfchen **Wieck** (für Pkws nur mit Ausnahmegenehmigung passierbar). Alle Schiffe, die den Greifswalder Hafen anlaufen, müssen die 30 m lange Holzkonstruktion nach holländischem Vorbild unterqueren. Wie in alten Zeiten zieht der Brückenmann stündlich die Wiegebalken per Handwinde in die Höhe.

Eine Erfrischung für Wasserratten bietet das **Strandbad Eldena** mit seinem feinen Sandstrand am Greifswalder Bodden.

Praktische Hinweise

Tel.-Vorwahl Greifswald: 03834
Information: Greifswald-Information, Rathaus, Am Markt, Tel. 521380, Fax 521382, Internet: www.greifswald.de

Hotels

Am Gorzberg, Am Gorzberg, Tel. 5440, Fax 544444, Internet: www.dorint.com. Luxuriöses Ambiente mit freundlichem Service, mit Restaurant, Bar, Sauna und Fitnessbereich; die hauseigene Segeljacht ist der Clou.

Best Western Europa Hotel, Hans-Beimler-Str. 1–3, Tel. 8010, Fax 801100. Neues Haus der gehobenen Klasse, Restaurant-Spezialität: Fleischgerichte vom Lavastein.

Restaurants

Zum Alten Fritz, Markt 13, Tel. 57830. Stets gut besuchtes historisches Braugasthaus mit frisch Gezapftem und deftigen Mahlzeiten.

Beim ›Alten Fritz‹ in Greifswald gibt es deftige Speisen

Der Junge mit dem Kahn – am Achterwasser bei Zempin auf Usedom

Restaurant Alter Speicher, Rossmühlenstr. 25, Tel. 2974. Rustikales Ambiente in Hafenatmosphäre.

21 Wolgast

Alte Herzogsstadt am linken Peene-Ufer, Tor nach Usedom.

Auf den ersten Blick macht Wolgast (15 000 Einwohner) einen eher unscheinbaren Eindruck. Doch die kleine Stadt ist eine der ältesten Pommerns. Im netten Altstadtkern, welcher der Schlossinsel vorgelagert ist, stößt man auf interessante Zeugnisse der vorpommerschen Kulturgeschichte. Nach Teilung der pommerschen Herrscherdynastie in die Linien Stettin und Wolgast nahm letztere auf der kleinen Schlossinsel im Peenestrom 1295 ihre Residenz. Bis 1625, als die Herzogslinie ausstarb, dauerte die Blütezeit der Residenzstadt. 1675 wurde das Schloss des nun zu Schweden gehörenden Wolgast durch den Beschuss brandenburgischer Kanonen zerstört. 1713 ließ Peter der Große die Stadt während des Nordischen Krieges niederbrennen. Verschont blieben lediglich zwei Kirchenbauten.

Die zwölfeckige **Gertrudenkapelle** auf dem Friedhof an der Chausseestraße soll Pommernherzog Bogislaw X. um 1400 nach der Rückkehr von einem Kreuzzug gestiftet haben. Extravagant ist das Sterngewölbe im Inneren, das sich auf kunstvolle Weise aus einem einzigen Mittelpfeiler entwickelt.

An der Stelle der **Petrikirche** stand einst ein slawischer Tempel, den Bischof Otto von Bamberg 1128 nach entsprechendem Umbau als Christenkirche weihte. Die heutige stadtbeherrschende Backsteinbasilika mit dem mächtigen Turm – dreischiffig mit Umgangschor – entstand im späten 14. Jh. Die Krypta diente den Pommernherzögen als Grablege, und in den Seitenschiffen hängt ein mehrteiliger barocker Gemäldezyklus des ›Totentanzes‹, eine Nachahmung der Holzschnitte von Hans Holbein d. J.

Das Stadtbild zeigt im Wesentlichen barocke und klassizistische Wohnhäuser, wobei dem mittelalterlichen Kern des **Rathauses** eine barocke Schaugiebelfassade wie ein Mäntelchen vorgehängt und ein Glockentürmchen aufgesetzt wurde. In einem quadratischen Lagerhaus seitlich vom Rathaus dokumentiert das **Stadtmuseum ›Kaffeemühle‹** (Juni – Aug. Di–Fr 10 –18, Sa/So 10 –16 Uhr, Sept. – Mai Di–Fr 10 – 17, Sa 10 – 14 Uhr, Tel. 203041) anschaulich die Wolgaster Geschichte und zeigt wechselnde Kunstausstellungen. Zum Museum wurde das **Rungehaus** (Juni – Aug. Di–Fr 10 –18, Sa/So 10 – 14 Uhr, Sept. – Mai Di–Fr 10 – 17,

Usedom: Ob mit Korb oder ohne, der Strand von Bansin lädt allemal zum Faulenzen ein

Sa 10–14 Uhr, Tel. 20 20 00) in der Kronwiekstraße 45, in dem der Künstler Philipp Otto Runge geboren wurde, ausgebaut. Das Haus zeigt Gemäldekopien (›Die Hülsenbeckschen Kinder‹ u. a.) des berühmten Wolgaster Reedersohns, der als protestantischer Hauptvertreter romantischer Malerei gilt. Im Stadthafen kann man das weltweit älteste Eisenbahnfährschiff ›Stralsund‹ besichtigen. Der Dampfer war 1890 vom Stapel gelaufen und pendelte fortan zwischen Wolgast und Usedom. Wer heute diese Strecke bezwingen will, steigt am Bahnhof Hafen in die Bäderbahn (Abfahrtszeiten, Tel. 03 83 78/2 71 32, Internet: www.ubb-online.com), die bis Ahlbeck auf Usedom fährt.

Praktische Hinweise

Tel.-Vorwahl Wolgast: 038 36
Information: Wolgast-Information, Rathausplatz 10, Tel. / Fax 60 01 18. Internet: www.wolgast.de

22 Usedom

Sandstrand (40 km!), Bäderrummel, Bauernland auf Deutschlands zweitgrößter Insel – ein Ferienparadies!

»Man hat Ruhe und frische Luft und diese beiden Dinge wirken wie Wunder und erfüllen Nerven, Blut und Lungen mit einer stillen Wonne«, teilte Theodor Fontane – begeistert von Usedom – 1863 seiner Frau Emilie mit. Bis heute gilt das Usedomer **Klima** wegen seiner kochsalzhaltigen Seeluft, die sich mit den ätherischen Ölen der vielen Kiefernwälder im Hinterland mischt, als äußerst gesund. Die gesamte Insel ist mit ihren Wasserflächen ein 472 km^2 großer **Naturpark**. Im Gegensatz zum lang gezogenen Küstenstreifen ist die dem Festland zugewandte Seite von mit Schilf bewachsenen Buchten wie dem großen Achterwasser gesäumt. Hier gibt es viele verträumte Winkel. 22 ausgewiesene Naturschutzgebiete liegen über den relativ ebenen Nordteil und den hügeligeren Südteil der Insel verteilt, darunter das 14 m tiefe *Mümmelkenmoor* bei Bansin und der stille *Gothensee*, Lebensraum seltener Tagfalter und scheuer Fischotter.

Sein goldenes Zeitalter erlebte Usedom in der zweiten Hälfte des 19. und zu Beginn des 20. Jh. Als die ersten Usedomer **Seebäder** ihren Betrieb aufnahmen, sprach sich das schnell im nicht allzu fernen Berlin herum. Nicht nur Kaiser Wilhelm II., auch die Hochfinanz aus dem Grunewald, das Hofbeamtentum aus Charlottenburg und die Kleinbürger aus Wilmersdorf fanden es schick, im mondänen Heringsdorf, in Ahlbeck oder Zinnowitz zu promenieren – und binnen

Veranden, Giebel, Erker ohne Ende – auf Usedom gibt es klassische Bäderarchitektur zu bewundern. Eine Perle in der Bäderkette ist Bansin, hier die Bergstraße

kürzester Frist war Usedom die ›Badewanne von Berlin‹. Heute erreichen Bahnreisende die Insel über den Bahnhof Züssow. Mit den neuen Zügen der Usedomer Bäderbahn geht es von dort über die Wolgaster Brücke bis nach Ahlbeck und zur polnischen Grenze.

Eine Usedomer Besonderheit und beliebter Treffpunkt an lauen Sommerabenden sind die weit ins Meer reichenden **Seebrücken**, z. B. in Zinnowitz, Koserow und Bansin. Auch die einst abgebrannte, 500 m lange Seebrücke von Heringsdorf wurde als längste in ganz Kontinentaleuropa wieder aufgebaut und nicht zuletzt prangt die Ahlbecker Seebrücke mittlerweile auf den Titelblättern vieler Reiseführer.

Über Zinnowitz nach Peenemünde

Traditionsreichster Usedomer Badeort ist **Zinnowitz**, denn schon 1851 erhielt das einstige Büdner-, Fischer- und Bauerndorf die Genehmigung zum Badebetrieb. So ist die lange Strandpromenade noch von adretten Exemplaren kaiserzeitlicher Bäderarchitektur gesäumt. In den 50er-Jahren des 20. Jh. ließ jedoch der Gewerkschafts-Feriendienst der werktätigen Arbeiterklasse sechsstöckige Bettenburgen ohne die dazugehörige Infrastruktur aus dem Boden stampfen und betrieb sozialistischen Massentourismus. Das Kurhaus und das Hotel Baltic in der Dünenstraße mit neuer, herrlicher Meerwasser-Bernsteintherme (tgl. 10–22 Uhr, Tel. 03 83 77/3 55 00) stammen aus dieser Zeit. Die Umgebung von Zinnowitz, das in den 30er-Jahren des 20. Jh. von den Peenemünder Raketeningenieuren bevorzugt wurde, wird im Norden von der buchenbestandenen Küste und im Süden von tiefer liegenden Mooren und Wiesen geprägt.

Seit 1936 und später zu DDR-Zeiten war jedem Normalsterblichen der Zugang nach **Peenemünde** auf der nördlichen Usedomer Landzunge verwehrt, da das ganze Terrain militärisches Sperrgebiet war. Heute fährt man auf der Straße hinter Karlshagen kilometerlang durch knochentrockene Kiefern- und Birkenwälder, die wegen Munitionsverseuchung umzäunt sind. In der einstigen Heeresversuchsanstalt betrieben die Nazis unter Leitung des Raketenkonstrukteurs Wernher von Braun den Bau der ersten automatisch gesteuerten Flüssigkeitsgroßrakete, deren Bau zahllose Zwangsarbeiter mit dem Leben bezahlen mussten. Die V 2 wurde 1944 als ›Wunderwaffe‹ gegen England eingesetzt. Am 3. Oktober 1942 hatte ein Vorläufertyp A 4 einen erfolgreichen Flug absolviert, dieses Datum ging als Geburtsstunde der Raumfahrt in die Weltgeschichte ein und so hat man sich nach der Wende entschlossen, dem Publikum die Pforten zum *Historisch-Technischen Informationszentrum* (April

In Peenemünde begann die Raumfahrt, lange vor Cape Kennedy und Baikonur

– Okt. tgl. 9 – 18, Nov. – März tgl. 10 – 16 Uhr, Tel. 03 83 71 / 50 50) zu öffnen. Das Museum zeigt im ehem. Kraftwerk der Heeresversuchsanstalt Flugzeuge und Raketen aus der Zeit von 1936 bis 1990, Schautafeln und Videoshows berichten sowohl über die technikgeschichtlichen Ereignisse als auch über die Verbrechen der Nazis.

Ebenfalls in Peenemünde kann man in der Ausstellung **Phänomenta** (Museumsstr. 12, Tel. 03 83 71 / 2 60 66) so manches Wunder der Technik durch Tasten und Riechen nicht nur beschnuppern, sondern auch begreifen.

Atelier ›Tabu‹ und Salzhütten

Der Weg in den Süden der Insel führt über **Lüttenort** an der schmalsten Stelle Usedoms zwischen Achterwasser und Oderbucht. In dem frei stehenden Anwesen am Bahnübergang kann man das Domizil und den stimmungsvollen Garten des Landschaftsmalers Otto Niemeyer-Holstein (1896–1984) besuchen. Er gehörte zum Künstlerkreis von Ascona, bevor er sich 1933 hier in einem ausrangierten Berliner S-Bahn-Wagen niederließ. Das *Otto-Niemeyer-Holstein-Gedenkatelier* (Führungen Mi – So jeweils 11, 13, 14, und 15 Uhr, Tel. 03 83 75 / 202 13) ist mit Gemälden, Aquarellen und Grafiken des Tessin und der vorpommerschen Boddenküste bestückt.

Am Ortseingang der stillen Sommerfrische **Koserow** stehen links in den Dünen, zwischen Strand und Wald, noch einige reetgedeckte Salzhütten, die früher als Lager für steuerfreies, vom Staat geliefertes Salz dienten. Mit dem Einlegen der Fische in Salzlake hatte die arme Bevölkerung dadurch wenigstens eine karge Verdienstquelle. Zu diesem Thema gibt es hier ein Mini-Museum – und leckerer Fisch ist im Restaurant in einer der Salzhütten zu bekommen.

Nur wenige Kilometer weiter führt ein Waldweg bergan auf den **Streckelsberg** mit stolzen 56 m Höhe. Imposant ist die Kliffranddüne, eine eiszeitliche Endmoräne.

Seebad-Meile – Insel-Perlen

Das Seebad **Bansin** ist das nördlichste und jüngste der bekannten ›Kaiserlichen Drei‹ Bansin – Heringsdorf – Ahlbeck, die alle durch eine lange Promenade miteinander verbunden sind. Traumhafte Badebedingungen bietet der 40 km lange Sandstrand an der **Oderbucht** zwischen Peenemünde und Ahlbeck, hinterfangen von einem Dünenwall mit Kiefernwäldern und daher angenehm windgeschützt. Vom Charme der alten Tage künden Bäderarchitektur, besonders großzügig an der Bergstraße, schöne Läden und Pensionen. Auf Anfrage kann man sich durch das *Atelierhaus* (Seestr. 60, Tel. 03 83 78 / 292 28) des Bansiner Malers Rolf Werner (1916–1989) führen lassen und dabei eine zauberhaft poetisch-naive Welt der Zirkus-, Rummelplatz- und Landschaftsbilder entdecken. Im *Tropenhaus* (Goethestr. 10, tgl. 10 – 18 Uhr) lockt eine bunte Fülle exotischer Tiere und Pflanzen. Nach Besichtigung der Krokodile

Aus der Entfernung niedlich – Krokodile im Tropenhaus von Bansin

ist Erholung im Tropenbistro ›Schlangennest‹ angesagt. Lohnend, zumal mit Kindern, ist auch der Besuch des *Naturlehrpfads Mümmelkensee* im Norden.

Zum nostalgischen Erlebnis wird der Besuch der Prachtbauten von **Heringsdorf**, dem vornehmsten Mitglied im Bäder-Trio. Dass es hier mondäner als anderswo auf Usedom zuging, darüber täuscht der gewöhnliche Name hinweg, den angeblich Preußenkönig Friedrich Wilhelm IV. wegen der vielen Heringssalzereien am Ort verlieh. Er ließ auch die neugotische *Backsteinkirche* auf dem Kulmhügel vom Berliner Architekten Ludwig Persius errichten. Etwa auf gleicher Höhe thront das (heutige) Hotel *Weißes Schloss*, das Georg von Bülow 1824 als Gästehaus bauen ließ und mit dem die Geschichte des Seebads recht eigentlich begann. Später war es das erste Ferienheim der Hohenzollern. Ab dann boomte Heringsdorf, entstanden Sommervillen und Paläste für die feine Berliner Gesellschaft. Allerorten gibt es noch heute Wintergärten, Veranden, Giebel, Erker, Putten... Unbedingt besuchen sollte man die *Villa Irmgard* (Maxim-Gorki-Str. 13, Di–So 10–18 Uhr, Tel. 038378/22361), wo allerlei über prominente Sommergäste wie Heinrich Mann, Theodor Fontane, Heinrich Heine und Johann Strauß zu erfahren ist, besonders aber über den lungenkranken russischen Dichter Maxim Gorki, der 1922 während eines Kuraufenthaltes in diesem Haus wohnte. Und dann natürlich geht es auf die neue *Seebrücke*, die längste der Ostseeküste, mit Läden, Wohnungen und Restaurants! Im Einkaufszentrum nahebei zeigt das *Muschelmuseum* (mit Verkaufsbasar, Strandpromenade 1, tgl. 10–18 Uhr, im Sommer bis 20/21 Uhr) die schillerndsten Kalkschönheiten aus aller Welt. Nur am Wochenende möglich ist der Blick in die Sterne in der *Volkssternwarte* (Promenade, ab 22 Uhr).

Das populärste und mit 4500 Einwohnern größte Usedomer Seebad ist **Ahlbeck**. Als es hier ab 1852 mit dem Fremdenverkehr so richtig losging, schossen die prächtigen klassizistischen und neugotischen Logiervillen im Stil der norddeutschen Bäderarchitektur wie Pilze aus dem Boden. Noch immer machen sie den Charme des Stadtbildes aus, wenngleich sich heute viele noch in einem traurigen Zustand befinden. Größte Ahlbecker Attraktion ist die *Seebrücke* mit dem türmchenbekrönten Pavillon (1898). Auf der Rückseite des historischen Bauwerks kann man – außer montags – ab 11.30 Uhr mit Blick auf die Ostsee gut

Einkaufsbummel in Heringsdorf – auf der längsten Seebrücke der Ostseeküste

Strandwanderer im Abendlicht

essen. Ihren strahlend weiß-rot-grünen Anstrich erhielt die Gaststätte kurz nach der Wende anlässlich der Dreharbeiten zu dem Loriot-Film ›Pappa ante Portas‹ (1991). Die Jugendstiluhr vor der Seebrücke ist Ausgangspunkt für so manchen Strandbummel.

Gleich hinter Ahlbeck kann man den Grenzübergang nach **Świnoujście/Swinemünde** zum polnischen Teil von Usedom passieren (nur Fußgänger und Radfahrer mit Reisepass). Im Zentrum sind einige Gebäude aus der Gründerzeit des einst prachtvollen ersten preußischen Seebads (1825) renoviert. Doch vornehmlich lockt ein trubeliger Markt die Menschenmassen zum Billigeinkauf von Obst und Gemüse, Kleidung, Bernstein, Zigaretten und allem nur erdenklichen Schnickschnack. Wer weiter nach Polen hineinwill, etwa über die Swina auf die Nachbarinsel Wollin, findet hier ohne Probleme ein Taxi oder eine Pferdekutsche.

Mellenthin und Usedom

Idyllisch gelegen ist das gotische *Kirchlein* im stillen Heidedorf **Mellenthin**. Auffallend sind innen die mit hübschen Blumen bemalten Türen der Betstübchen. Als ob die Zeit stehen geblieben sei, so wirkt der Hof des nahen *Wasserschlosses*, eine wuchtige, 1580 erbaute Dreiflügelanlage. Des Weiteren gibt es auf Usedom die **Usedom-Safari** (Tel. 01 72/3 16 66 34, Internet: www.inselsafari.de), welche Land-Rover-Touren, Rundflüge, Kajakausflüge, Schlauchbootfahrten u. a. anbietet.

Nördlich ragt ins Achterwasser der **Lieper Winkel** mit seinen Dörfern hinein – nicht aufregend, aber schön, verträumt und still.

Ruhig ist es auch im Städtchen **Usedom** an der Nordspitze des gleichnamigen Sees, das der Insel ihren Namen gab. Auf dem Schlossberg, wo sich einst eine slawische Burg befand, erinnert ein *Granitkreuz* an das Jahr 1128, den Anfang der Christianisierung im Nordosten. In der im Kern spätgotischen, in historistischer Manier umgebauten *Stadtkirche* sind die geschnitzten Altarschranken mit barocken Wappen von Bedeutung. Von den drei spätmittelalterlichen Stadttoren hat sich als einziges das *Anklamer Tor* (1450) erhalten. Ein massiger, blendbogenverzierter Backsteinklotz mit spitzbogiger Durchfahrt und Heimatstube im Inneren. Ansonsten führt Usedom ein Inseldasein auf der Insel – die Umgehungsstraße vom nahen Anklam Richtung Bäderküste entlässt nur wenige Reisende.

Praktische Hinweise

Information: Usedom Tourismus, Bäderstr. 5, Ückeritz, Tel. 03 83 75/2 34 10 oder 018 05/ 87 33 66 (rund um die Uhr), Fax 2 34 29, Internet: www.kaiserbaeder.de, www.usedom.de

Hotels

Oasis, Strandpromenade, Seebad Heringsdorf, Tel. 03 83 78/26 50, Fax 2 65 99. Schöne Jugendstilvilla in großer Parkanlage und mit Restaurant, Bistro, Zimmern mit Meerblick vorhanden.

Strandhäuser Blankenfohrt, Am Strande 29, Ückeritz, Tel. 03 83 75/5 60, Fax 5 64 00 (über Forsthaus Damerow). Hübsche, knallbunte Feriendoppelhäuser, komfortabel.

Travel Charme Strandhotel Bansin, Bergstr. 30, Bansin, Tel. 03 83 78/80 00, Fax 8 01 11, Internet: www.tc-hotels.de. Vier-Sterne-Komplex mit Wellness, Strandpartys und schöner Sonnenterrasse direkt zur Ostsee.

Restaurants

Belle Époque, im Hotel Preußenhof, Tel. 03 83 77/3 90, Zinnowitz, Szenetreff, für das Kleine Schwarze, Erlebnisgastronomie mit Cocktailbar.

Golf und Landhotel Balmer See, Drewinscher Weg 1, Balm, Tel. 03 83 79/2 80. Restaurant mit Blick auf den Balmer See, Spezialitäten sind fangfrischer Fisch und Kuchen aus eigener Konditorei.

Käpt'n ›N‹, Seebrückenrestaurant, Promenade 1, Seebad Heringsdorf, Tel. 03 83 78/2 88 17. Hochgelobte Feinschmeckerqualität, eine der besten Gesamtbewertungen im Bundesland, Reservierung empfohlen.

Lutter & Wegener, Kulmstr. 3, Seebad Heringsdorf, Tel. 03 83 78/2 21 25, Bistro mit Weinen und Feinkost, vom *Feinschmecker* empfohlen.

23 Anklam

Hansestädtchen im Peenetal mit Landverbindung nach Usedom. Geburtsort des Flugpioniers Otto Lilienthal.

Anklam entwickelte sich an einem Flussübergang der schiffbaren Peene nahe der Odermündung. Binnen- und Seehandel waren die Erwerbsquellen der günstig gelegenen Stadt, Grund für den frühen Anschluss an die Hanse im Jahr 1283, dem eine Blütezeit folgte. Ihr Niedergang war gleichbedeutend für die Stadt. Von den mittelalterlichen Wehranlagen blieben der runde **Pulverturm** und das hohe gotische **Steintor** in der Schulstraße erhalten, in dem das *Regionalmuseum* (Di–Fr 10–17, Sa/So 14–17 Uhr) seine Bleibe fand. Ein handgebasteltes Stadtmodell offenbart darin den schachbrettartigen Altstadtgrundriss mit dem geviertförmigen Markt, an dem sich die beiden Kirchen St. Marien und **St. Nikolai** erheben. Während die letztgenannte abbrannte und nur noch als Ruine steht, sind in **St. Marien** wertvolle mittelalterliche Wandmalereien zu sehen.

1848 kam Otto Lilienthal in Anklam zur Welt. Er machte später als Flugpio-

Wie ein tollkühner Mann das Fliegen lernte – das Otto-Lilienthal-Museum in Anklam informiert modern und aktionsreich darüber

nier Furore. Seine halsbrecherischen Flugversuche, die er 1896 mit dem Leben bezahlte, unternahm er zwar in Berlin, doch natürlich ehrt Anklam den großen Sohn, vor allem mit dem hochinteressanten, didaktisch vorbildlichen **Otto-Lilienthal-Museum** (Ellbogenstr. 1, Mai–Sept. Di–Fr 10–17, Sa/So 14–17, Okt.–April Di–Fr 10–16, So 14–17 Uhr). Ein aerodynamisches Labor, nachgebaute Flugapparate aus Weidenrute und Baumwollstoff im Maßstab 1:1, der Lilienthal-Gleitapparat zum Anfassen und Ausprobieren, vieles andere mehr begeistert Erwachsene und Kinder gleichermaßen und lässt so manchen ganz leicht abheben.

TOP TIPP

Ausflüge

Die Umgebung von Anklam ist so reich an sehenswerten Burgen und Herrenhäusern, dass man eine richtige ›Schlössertour‹ machen kann: 17 km nördlich liegt **Schloss Karlsburg**, eine der elegantesten Schöpfungen des pommerschen Hochbarock. 1732 ließ sich Carl Heinrich Behrend von Bohlen das Haupthaus, das über eine lange Galerie mit dem Flügelbau verbunden ist, errichten.

In **Stolpe** (10 km südwestlich) gründete der bekehrte Slawenfürst Ratibor I. 1153 das erste vorpommersche Benediktinerkloster, von dem die Christianisierung des Landes ausging. Seitwärts der Dorfstraße sind noch Reste der Klosterkirche erhalten. Bei Einkehr im ›Stolper Fährkrug‹ (Dorfstr. 25, Tel. 03 97 21/5 22 25, Sommer tgl. geöffnet), einem alten Gasthaus mit Terrasse, kann man den beschaulichen Fährbetrieb über die Peene beobachten.

Nach weiteren 10 km Richtung Jarmen kommt links **Schloss Neetzow** in Sicht, von Friedrich Hitzig 1848–51 im englischen Tudorstil erbaut. Die weitläufige Parkanlage mit seltenen Bäumen ist ebenfalls sehr sehenswert.

25 km südlich von Anklam nahe dem ebenfalls interessanten Rittergut Janow mit seinem englischen Schlosspark, am Rand des Landrabentals, findet sich inmitten von Sumpfwiesen die **Veste Landskron**. Die Burgruine mit ihren vier Türmen und zwei Zugbrücken wurde 1579 im Auftrag des Ulrich von Schwerin an der Grenze zwischen Mecklenburg und Pommern errichtet.

Im südwestlich gelegenen **Spantekow** schließlich ließ sich derselbe Ulrich von Schwerin 1567 eine imposante Wasserburg als Stammsitz errichten, das erste Renaissanceschloss Pommerns. Das Sandsteinrelief über dem Festungstor zeigt den Bauherrn nebst Gemahlin.

Maritime Exponate präsentiert das Haffmuseum in Ueckermünde

Praktische Hinweise

Information: Anklam-Information, Markt 3, Rathaus, Tel. 0 39 71/83 51 54, Fax 83 51 55, Internet: www.anklam.de

24 Ueckermünde

Gemütliche pommersche Kleinstadt nahe der polnischen Grenze.

Das 1223 erstmals erwähnte Städtchen profitiert von seiner malerischen Lage zwischen Stettiner Haff und Ueckermünder Heide im Hinterland. Ausgezeichnete Möglichkeiten für zahlreiche Freizeitaktivitäten werden hier geboten. Während Wassersportler und Sonnenanbeter im modernen **Jachthafen** oder an der langen, goldgelben **Sandstrandküste** auf ihre Kosten kommen, ist die stille, naturgeschützte Heidelandschaft von einem fast 400 km langen **Rad- und Wanderwegenetz** durchzogen. Wer all diese naturgegebenen Vorzüge Vorpommerns

Ein Wintermärchen – Eislicht über dem Stettiner Haff am Strand von Ueckermünde

genießen und zudem noch seine Ruhe haben will, ist hier richtig, denn Ueckermünde liegt abseits der großen Touristenströme.

Das **Renaissanceschloss**, von dem allerdings nur noch der Südflügel existiert, ist eines der wenigen erhaltenen Baudenkmäler aus dem Besitz der 1637 ausgestorbenen pommerschen Herzogslinie. Hübsch anzusehen ist die hellblaue Fassade mit den weißen Kleeblattbögen der Fenster. Das Sandsteinrelief über dem Portal des Treppenturms zeigt das Konterfei des Bauherrn Philipp I. Neben der Stadtverwaltung hat auch das **Haffmuseum** (Di 9–17, Mi/Do 9–16, Fr 9–15, Sommer auch Sa 13–16, So 10–12 und 13–16 Uhr) im Schloss seinen Sitz. Es führt maritime und hauswirtschaftliche Gebrauchsgegenstände aus der gut 730-jährigen Stadtgeschichte vor. Sehenswert ist auch die **Marienkirche**, die einen schönen Rokoko-Kanzelaltar und eine mit Wolkenhimmel bemalte Holzdecke birgt. Abwechslung für Kinder bietet der **Tierpark** (tgl. 9–18, Winter bis 16 Uhr) mit Streichelzoo.

Praktische Hinweise

Information: Touristik-Information Ueckermünde, FW Stettiner Haff e. V., Ueckerstr. 96, Ueckermünde, Tel. 039771/28484, Fax 28487, Internet: www.ueckermuende.de

Hotel

Hotel-Restaurant Haffhus, Dorfstr. 35, Tel. 5370, Fax 53750, Internet: www.hotel-haffhus.de. Hübsches reetgedecktes Haus in einer kleinen Ferienanlage, Konferenzräume, hauseigener Sandstrand.

Restaurants

Hotel-Restaurant Pommern Yacht, Altes Bollwerk 1b, Tel. 2150. Der Hotelneubau in Schiffsform liegt direkt am Stadthafen. Einladend: Die im Biergarten servierten regionalen Speisen.

Wirtshaus am Speicher, Eingang Bergstraße, Uckerstr. 109, Tel. 54535. Denkmalgeschütztes Backsteinhaus mit nettem Innenhof, Fischspezialitäten.

Güstrow und die Mecklenburgische Schweiz – grünhügelig und seenreich

Auch Mecklenburg-Vorpommern hat seine ›Schweiz‹ – obwohl sich die sanften Hügel zwischen Seenplatte und Ostseeküste nur wenig mehr als 100 m über das flache Land erheben! Die saftig grüne **Wiesen-** und **Wälderlandschaft** im Dreieck zwischen Güstrow, Reuterstadt Stavenhagen und Demmin ist von der Einfachheit des ländlichen Lebens, aber auch von imposanten **Herrenhäusern** und **Schlössern** geprägt. Badefreuden garantiert der **Kummerower See**, der durch den Dahmer Kanal mit dem Malchiner und durch den Peene-Kanal mit dem Teterower See verbunden ist. Das kulturelle Zentrum dieser Region ist unbestritten **Güstrow**, eine Kleinstadt von besonderer Ausstrahlung und mit zahlreichen Sehenswürdigkeiten im historischen Kern.

TOP TIPP 25 Güstrow

Ein zauberhaftes Stadtbild und viele Erinnerungen an Ernst Barlach.

Mit zwei Besonderheiten kann die Stadt (33 000 Einwohner) am Flüsschen Nebel aufwarten: Sie liegt exakt im geographischen Mittelpunkt des Landes und wird seit jeher als ›Klein-Paris des Nordens‹ betitelt.

Insgesamt bildet die Güstrower Altstadt ein wundervolles Ensemble schönster Giebelhäuser aus Renaissance, Barock und Klassizismus. Viele gut erhaltene Haustüren mit reichem Schnitzwerk schmücken die Fassaden. Vornehmlich klassizistisch geprägt ist der **Markt**, den in der Mitte die Schaufassade des **Rathauses** (1798) und dahinter die gotische **Marienkirche** dominieren. Ihre kostbarsten Ausstattungsstücke sind die gewaltige *Triumphkreuzgruppe* (1516) – der neben Maria und Johannes auch Adam und Eva zugesellt sind – und der ungemein figurenreiche *Hochaltar*, ein

Reizvoll ist das sanft gehügelte Land der Mecklenburgischen Schweiz

Güstrow: Bunt ist die Reihe der hübschen Giebelhäuser am Marktplatz

prachtvolles Schnitzwerk des Flamen Jan Borman mit ebenso prächtigen Tafelbildern eines Brüsseler Meisters an den Flügeln (1522). Hochkarätige Kunst befindet sich auch im **Dom**: Weltberühmt ist *›Der Schwebende‹* (Nachguss) von Ernst Barlach im linken Seitenschiff – ergreifendes Ehrenmal für die Kriegsgefallenen mit den Zügen der Käthe Kollwitz. Begeisternd sind auch die lebensgroßen *Apostelfiguren* an den Pfeilern – stark bewegt und mit famosem Mienenspiel (um 1530) – sowie die aufwendigen *Renaissance-Wandgräber* der Güstrower Fürsten, darunter auch der prachtliebende Herzog Ulrichvon Mecklenburg-Güstrow († 1603) mit seinen beiden Frauen. Als das Herzogtum Mecklenburg geteilt und Güstrow also Residenzstadt (1556–1695) wurde, hatte

Zwiesprache in der Gertrudenkapelle von Güstrow – Barlachs ›Zweifler‹

Top Tipp

Ulrich 1558 den Bau eines **Residenzschlosses** in Auftrag gegeben. 70 Jahre später residierte hier Wallenstein für kurze Zeit, 1628–30, als Herzog von Mecklenburg. Die heutige Dreiflügelanlage, unweit des Doms, mit barockem Torhaus, Barockbrücke und -garten, zählt zu den schönsten Renaissancebauten des Landes. Eck- und Treppentürme, markante Gesimsbänder und die Loggiengänge im Hof setzen die Akzente. Architekten bis 1599 waren Franz Parr und Philipp Brandin. Grandioser Höhepunkt des *Schlossmuseums* (Di–So 9–17 Uhr) ist der Festsaal mit seiner szenisch ausgestalteten, stuckierten Kassettendecke (1620) und einem herrlichen Tierfries mit halbplastischen Köpfen und echten Geweihen (1571).

Am nahen Franz-Parr-Platz liegen das **Ernst-Barlach-Theater**, der älteste klassizistische Theaterbau des Landes (Georg Adolph Demmler, 1829), und das **Museum der Stadt Güstrow** (Di–Fr 10–17, Sa 13–16, So 11–16 Uhr), das im Oktober 2003 in anderen Räumlichkeiten (Franz-Parr-Platz 10) neu eröffnete. Viele Ausstellungsstücke der einst wohlhabenden Güstrower Bürgerkultur des 19. Jh. sind hier zusammengetragen worden.

Einer der bedeutendsten Renaissancebauten Norddeutschlands – das Güstrower Schloss

Güstrow ist aber vor allem die Stadt von **Ernst Barlach** (1870–1938). 1910 kam der expressionistische Bildhauer, Grafiker und Dichter aus dem hektischen Berlin hierher. Der eigenwillige Künstler wurde alsbald von den Nazis verfemt, seine Werke für ›entartet‹ erklärt und sein ›Schwebender‹ 1937 für Rüstungszwecke eingeschmolzen. Er gab nicht auf, war entschlossen zu trotzen – und starb verbittert. In der **Gertrudenkapelle** (Sommer Di–So 10–17, Winter 11–16 Uhr) mit ihrem alten Friedhof werden seine bekanntesten Holz- und Metallskulpturen, darunter die ›Gefesselte Hexe‹ und ›Der Zweifler‹, präsentiert. Sein privates Refugium liegt etwas weiter außerhalb, im **Atelierhaus am Inselsee**. Hier lebte Barlach von 1931 bis zu seinem Tod im Oktober 1938 mit seiner Lebensgefährtin Marga Böhmer. In Haus und Garten sowie im Ausstellungsforum ist der größte Teil seines Nachlasses versammelt, fast 300 Skulpturen, 430 Grafiken, Skizzen und Bücher (April–Okt. Di–So 10–17 Uhr, Internet: www.barlach-stiftung.de).

Ein lohnender Programmpunkt mit Kindern ist der **Natur- und Umweltpark** (NUP, April–Okt. tgl. 9–19, Nov.–März bis 16 Uhr, Tel. 24680) an der Verbindungschaussee in der Nähe von Barlachs Atelierhaus. Die im Rahmen der Expo 2000 entstandene Anlage ermöglicht im wahrsten Sinne des Wortes das Begreifen technischer und natürlicher Zusammenhänge und Abläufe.

Ausflug

Natur pur erlebt man im 20 km südlich gelegenen Schutzgebiet **Krakower Obersee**. Dieser inselreiche Klarwassersee ist wichtiges Rast- und Brutgebiet für Wasservögel, seine Ufer ermöglichen erholsame Spaziergänge.

Praktische Hinweise

Tel.-Vorwahl Güstrow: 03843
Information: Güstrow-Information, Domstr. 9, Tel. 681023, Fax 682079, Internet: www.guestrow.de

Hotels

Hotel am Güstrower Schloss, Am Güstrower Schloss, Schloßberg 1, Tel. 7670, Fax 767100, Internet: www.schlosshotel-guestrow.de. Ruhiges Vier-Sterne-Haus mit Blick aufs Schloss.

Landhotel Kuhs, Rostocker Chaussee 39, Kuhs, Tel. 038454/3100, Fax 20760. Reetgedecktes, gepflegtes Bauernhaus.

Restaurants

Barlach-Stuben, Plauer Str. 7, Tel. 684881. Alt-Mecklenburger Küche mit internationalen Einsprengseln.

Ich weiß ein Haus am See ..., Altes Forsthaus 2, Krakow am See, Tel. 038457/23273. Landschaftlich ausnehmend schön gelegenes Restaurant mit Michelin-Stern am Ufer des Sees. Hausherr und Küchenchef ist Michael Laumen, der wohl pofilierteste Koch Mecklenburgs. Gästezimmer anbei.

Internationales Bergring-Rennen Teterow

Die größte Teterower Attraktion sind die jährlichen Grasbahnrennen an **Pfingstsamstag** *und* **-sonntag** *auf dem 1877 m langen Bergring im Norden der Stadt. Ab 11 Uhr morgens kratzen dann stundenlang Motorräder und Seitenwagengespanne laut röhrend die haarscharfen Kurven und fliegen über die Sprungschanzen. Danach ist die Grasnarbe so abgefahren, dass sie sich für den Rest des Jahres erholen muss.*

Veranstalter: *MC Bergring Teterow e. V. im ADMV, Tel. 03996/172935*

26 Teterow

Ein Spektakel für Motorradfans im ›Mecklenburgischen Schilda‹.

Wegen seiner günstigen Lage am Kreuzungspunkt der Bundesstraßen 104 und 108 bietet sich das stille Landstädtchen Teterow als angenehme Aufenthaltsstation für Ausflüge in die Mecklenburgische Schweiz an. Der mittelalterliche Stadtkern ist noch gut am kreisförmigen Verlauf der Ringstraße und an den zwei großen Durchfahrten, dem **Malchiner** und dem **Rostocker Tor** – hübschen Backsteinbauten mit Stufengiebeln und Blendendekor –, abzulesen. Im Malchiner Torhaus, am Südring 1, ist das **Stadtmuseum** (Di–Fr 10–12, 13–17, Sa/So 14–17 Uhr) untergebracht. Neben Informationen zur allgemeinen Ortshistorie erhält man hier einen Einblick in die Geschichte der **Burgwallinsel** mitten im Teterower See, die die Slawen im 9. Jh. bewohnten und auf der man heute noch die Wallaufschüttungen der früheren Burg per Fähre besuchen kann.

Vor dem Rathaus steht der **Hechtbrunnen** – das Teterower Wahrzeichen. Er erinnert an den Versuch zweier ›schlauer‹ Teterower Fischer, einen prachtvollen Hecht, den sie aussetzten, mit Hilfe einer Glocke um den Fischhals und einer Kerbe im Boot wiederzufinden. Diese Geschichte trug der Stadt den Beinamen ›Schilda Mecklenburgs‹ ein und sie gibt alljährlich eine Woche vor Pfingsten Anlass zur Feier des **Teterower Hechtfestes** mit Bühnenprogramm, Festumzug und Markttreiben.

Die schlichte **Backsteinkirche** (13. Jh.) hinter dem Rathaus ist allein schon wegen des reichen Schnitzwerkes (Marienkrönung im Schrein) und der Tafelmalereien (Szenen aus der Passion Christi) ihres gotischen Flügelaltars von etwa 1300 sehenswert.

Praktische Hinweise

Information: Tourist-Information Teterow, Marktplatz 8, Tel. 03996/172028, Fax 187795, Internet: www.teterow.m-vp.de

Hotel

Hotel Blücher, Warener Str. 50, Teterow, Tel. 03996/172196, Fax 120295. Hotel garni in Fachwerkhaus.

Restaurant

Gasthof Zum Thünenstall, Tellow, Tel./Fax 039976/50395. Gutshof mit Haustierzoo, Kunstgalerie und Museum.

27 Burg Schlitz, Ulrichshusen und Basedow

Adelsschlösser und Herrenhäuser.

Die Mecklenburgische Schweiz ist reich an imposanten und kunstgeschichtlich bedeutenden Schlössern und Burgen, deren Zustand von ›beklagenswert ruinös‹ über ›im Wiederaufbau begriffen‹ bis ›hervorragend restauriert‹ reicht. Einige dieser schönen Baudenkmäler können von außen mitsamt den umgebenden Landschaftsparks in einer Tagestour besichtigt werden. Die Route beginnt bei Teterow.

Klassizistische Burg Schlitz

15 km südlich von Teterow führt eine prachtvolle Lindenallee von der B 108 hinauf zur **Burg Schlitz**. Ein Obelisk markiert den Eingang. Mit ausgebreiteten Armen scheint diese großartige klassizistische **Schlossanlage** – Mecklenburgs bedeutendste – seine Besucher zu empfangen. So jedenfalls wirken die Seitenpavillons, die den repräsentativen Mittelbau mit großer Freitreppe rahmen. Hans Graf von Schlitz, der Bauherr, hatte kräftig Einfluss genommen auf die Errichtung seines Schlosses (1806–23) durch den Berliner Otto Hirth. Er finanzierte auch eine großflächige ›Landschaftsverschönerung‹ weit über das Schlossgelände hinaus. Wer den Blick von der Schlossterrasse weit über das Malchiner Becken schweifen lässt, der kann heute noch dieser damaligen Kultivierung nachspüren. Das Anwesen, dessen Gast einst auch J. W. Goethe war, wurde mittlerweile zum **Schlosshotel Burg Schlitz** (Tel. 03996/12700) mit Restaurant im Rittersaal. Zu besichtigen ist der weitläufige **Park** mit seinen Seen, einer **Kapelle** und dem berühmten **Nymphenbrunnen**. Jenes Jugendstilwerk wurde ursprünglich von Walter Schott für das Berliner Kaufhaus Wertheim geschaffen. Ein Sinnenreiz par excellence sind die drei fröhlich Tanzenden!

Burg Schlitz am Malchiner See bei Teterow gilt als Mecklenburg-Vorpommerns bedeutendste klassizistische Schlossanlage

An der stattlichen Anlage von Schloss Basedow wurde vom 16. bis 19. Jh. gebaut

Schloss Gut Ulrichshusen

Pittoresk am Seeufer gelegen wirkt das Renaissanceschloss Ulrichshusen wuchtig und zugleich verspielt. Freiherr Helmuth von Maltzahn – ein Nachfahre des Ulrich von Maltzahn, der das Schloss 1562 baute – hat die einstige Ruine samt Park und zwei Scheunen 1993 gekauft und organisierte mit Erfolg den Wiederaufbau. Außer seiner Funktion als geschmackvolles Schlosshotel entwickelte sich Ulrichshusen zum zentralen Spielort der **Festspiele Mecklenburg-Vorpommern**. Der Eröffnungsspielzeit des Konzert- und Opernfestes im Sommer 1994 gab Sir Yehudi Menuhin († 1999) die Weihe (Schlosshotel Ulrichshusen, Tel. 03 99 53/79 00, Fax 7 90 99, Internet: www.gut-ulrichshusen.de).

Basedow – Potpourri der Stile

Die Ortschaft Basedow, die ab 1337 zum Grundbesitz der Familie von Hahn gehörte, ist eines der schönsten und eindrucksvollsten Dorfensembles Mecklenburg-Vorpommerns. Hauptanziehungspunkt ist das imposante **Schloss** mit dem verträumten, von Weiden und Linden umstandenen Teich. An der verschachtelten Dreiflügelanlage wurde vom 16. bis 19. Jh. gebaut. Der älteste Teil der Anlage ist der Mittelbau mit Treppenturm (1552), ein zweigeschossiger Flügel wurde im 17. Jh. angefügt und 1895 schließlich noch der aufwendig gestaltete Südflügel im Neorenaissancestil. Nach der Enteignung der Familie von Hahn im Jahr 1945 wurden die historischen Räume als private Wohnungen genutzt, schließlich nach der Wende verkauft und teilsaniert. Eine Eröffnung als Schlosshotel ist geplant, aber noch nicht fest terminiert. Wer das Schloss umrundet, findet an der Außenfassade überall Kopien der hübschen Renaissance-Terrakottaplatten aus der Werkstatt des Statius von Düren. Der **Park**, in dem auch der Marstall, eine Brauerei und das Haus des Sekretarius stehen, ist dem preußischen Gartenkünstler Peter Joseph Lenné zu danken. Ältestes Basedower Baudenkmal aus dem 13. Jh. ist die **Kirche**. Ihre Innenausstattung ist ausgesprochen sehenswert. Der schlanke Turm, der Choranbau und die Fenster wurden 1853 von Friedrich August Stüler angefügt. Führungen durch Schloss und Kirche sind bei Annette Gräfin Hahn von Burgsdorff anzumelden (Alter Schafstall, Tel. 03 99 57/2 04 54, Internet: www.alter-schafstall-basedow.de).

28 Malchin

Im Zentrum der Mecklenburgischen Schweiz.

Die Schönheiten Malchins wollen entdeckt werden, denn die kleine Stadt, deren Rathaus zwischen 1621 und 1918 im Wechsel mit Sternberg Tagungsort des Mecklenburger Landtags war, wurde bei Kriegsende 1945 fast zu zwei Dritteln zerstört und bietet demnach heute mit

33 km² groß und bis zu 25 m tief ist der Kummerower See

farbig sanierten Plattenbauten und mittelalterlicher Architektur ein recht gemischtes Bild. Zu den gotischen Überbleibseln gehören sowohl die Stadtmauerreste mit dem giebelgeschmückten **Fangelturm** (1550), der jahrhundertelang als Kerker diente, wie auch zwei der ursprünglich vier Stadttore, das **Kalensche Tor** im Norden und das zum Standesamt ausgebaute **Steintor** im Süden. Absolut überraschend in diesem Ambiente und beispielhaft für den früheren Reichtum der Stadt ist die dreischiffige Backsteinbasilika **St. Johannis-Kirche mit Marienkapelle**. Das hohe Mittelschiff mit dem hübschen Sterngewölbe und den profilierten, spitzbogigen Arkaden birgt erlesene Kunstschätze, darunter einen qualitätvollen *Schnitzaltar* aus dem 15. Jh. mit der Marienkrönung und 36 Apostel- und Heiligenfiguren unter filigranen Maßwerkbaldachinen. Sehenswert ist auch das Malchiner **Rathaus** (1927) am Markt. Prunkstücke sind die 72 Zunftgemälde im Rathaussaal.

Ausflüge

Sommers empfiehlt sich ein Badeausflug nach **Kummerow**. Hinter dem zwar schönen, aber ruinösen Barockschloss liegt der Park mit einem kleinen flachen Sandstrand zum Kummerower See. Ehm Welk machte übrigens nicht dieses mecklenburgische, sondern das brandenburgische Kummerow bei Angermünde mit seinen Dorfromanen berühmt.

In **Dargun**, einer Kleinstadt direkt am Klostersee (gute Bade- und Angelmöglichkeiten) nahe Demmin, ist die Ruine einer herzoglichen Renaissanceresidenz zu besichtigen. Keimzelle des Ortes war ein 1172 von Mönchen der dänischen Zisterzienserabtei Esrom gegründetes Tochterkloster. Nach der Zerstörung der Anlage siedelte der Konvent nach Eldena bei Greifswald [Nr. 20] um, 1209

St. Johannis-Kirche in Malchin: der elegant geschwungene Orgelprospekt von 1780

wiederum wurde die Abtei von Kloster Doberan aus [Nr. 10] neu besetzt. Nach der Säkularisierung machten die Herzöge von Mecklenburg-Güstrow die Gebäude zu ihrer Nebenresidenz und ließen sie zu einem *Renaissanceschloss* (Führungen Mi 10 Uhr und auf Anfrage unter Tel. 03 99 59 / 2 23 81) umbauen, in dem 1712 sogar die russische Zarin Katharina I. zu Besuch war. Durch Brandstiftung ging das Schloss 1945 schließlich in Flammen auf und verfiel, bis 1992 erste Sicherungsarbeiten begannen. Von der großzügigen Vierflügelanlage, die im Süden die Klosterkirche miteinschloss, stehen noch die Umfassungsmauern, runde Ecktürme und elegant geschwungene Hofarkaden. Außerdem sind noch das später als Kornspeicher genutzte Brauhaus, der Pferdestall und die barocke Toranlage erhalten. Seit Beginn der millionenschweren Totalsanierung werden Teile des Schlosses, das der Stadt Dargun gehört, für Konzerte und Ausstellungen genutzt.

Praktische Hinweise

Information: Stadtinformation Malchin, St. Johanniskirche, Sakristei, Tel. 03994 / 64 0111, Fax 64 01 23, Internet: www.malchin.de

Landhotel Schorssow, Dorfstr. 1, Schorssow, Tel. 03 99 33 / 7 06 45, Fax 7 03 27, Internet: www.landhotel-schorssow.de. Nettes Fachwerkhaus im Landschaftsschutzgebiet mit Restaurant, Hochzeitszimmer.

29 Reuterstadt Stavenhagen

Reuter-Denkmal, Reuter-Museum, Reuterstraße – alles Reuter!

1810, im Geburtsjahr Fritz Reuters, war Stavenhagen eine der kleinsten Landstädte Mecklenburgs. Das rückständige und ackerbürgerliche Fluidum seiner Heimatstadt beschrieb Mecklenburgs Dichterfürst später so: »Ungefähr monatlich einmal zog kotbespritzt ein einsamer Probenreiter (Handlungsreisender) auf buglahmem Gaule in die Tore der Stadt und erkundigte sich im ergötzlichen ausländischen Dialekt bei einem Straßenjungen, etwa bei mir, nach dem einzigen Gasthofe des Städtchens.« Heute hat die Stadt ein größeres Verkehrsaufkommen, die meisten Besucher reisen allerdings an, weil sie etwas über das Leben und die Werke Fritz Reuters erfahren wollen.

Gleich am Marktplatz findet man ihn am **Reuter-Denkmal** von Wilhelm Wandschneider (1911) – sitzend, sinnierend, riesengroß. Im alten Rathaus, im Rücken des Nationaldichters, befindet sich das im Jahr 2000 sanierte **Fritz-Reuter-Literaturmuseum** (Mo–Fr 9–17, Do 9–20,

Fritz-Reuter-Literaturmuseum in Reuterstadt Stavenhagen – das Geburtszimmer des Dichters wurde mit zeitgenössischen Möbeln ausstaffiert

Reuter-Denkmal vor dem Rathaus in Stavenhagen

Fritz Reuter

Die wieder auflebende Popularität der niederdeutschen Sprache seit den 30er-Jahren des 19. Jh. ist ein Verdienst Fritz Reuters (1810–1874). Nach einer konfliktreichen Jugend und beruflich unerfüllten Jahren als Landwirtschaftsgehilfe und Privatlehrer hatte ›Fritze‹ im Alter von 43 Jahren mit seinem Erstlingswerk ›Läuschen un Rimels‹ (Erlauschtes und Gereimtes) schlagartig Erfolg. Er verstand es meisterhaft, dem Volk aufs Maul zu schauen, charakteristische Typen, sensibel oder bullerig, zu skizzieren. Viele seiner Werke tragen autobiografische Züge, so ›Olle Kamellen‹, ›Ut mine Stromtid‹ und ›Ut mine Festungstid‹, in dem er die Zeit seiner Festungshaft, wozu er als junger Burschenschaftler wegen »demokratischer Umtriebe« verurteilt worden war, verarbeitete. Unvollendet blieb die sozialkritische Darstellung ›Urgeschicht von Mekelnborg‹, mit der er den Beginn der göttlichen Schöpfungsgeschichte in den Raum der mecklenburgischen Seenplatte verlegte. Reuters großes Thema war die Klassenauseinandersetzung des 19. Jh. zwischen Adel, Bürgertum und Bauernschaft. Er verstand sich als Anwalt des Volkes und verpackte die sozialen Ungerechtigkeiten seiner Zeit in einen unschlagbaren Humor, der nachdenklich stimmen oder betroffen machen konnte. Seine Werke, die in zahlreichen Auflagen und fremdsprachigen Übersetzungen erschienen, machten aus der anfänglich verkrachten Existenz einen wohlhabenden Mann. Als Reuter in Eisenach starb, war er einer der meistgelesenen Schriftsteller Deutschlands. Die Anzahl seiner Denkmäler und der nach ihm benannten Straßen beweisen seine überregionale Popularität. Eines der wenigen plattdeutschen Berufsensembles Deutschlands, das sich der beherzten und deftigen Reuterschen Sprache verschrieben hat, ist die Niederdeutsche Bühne Fritz Reuter des Mecklenburgischen Staatstheaters Schwerin *[s. S. 114].*

Sa/So 10–17 Uhr, Tel. 21072), das mit einer reich bebilderten Ausstellung über Reuters Biografie, die Geschichte der niederdeutschen Literatur und die politischen Ereignisse der Zeit aufwartet. Das frühere Rathaus war zugleich Fritzens Geburtshaus, da sein Vater über Jahre das Bürgermeisteramt dieser Stadt bekleidet hatte. In der Innenstadt trifft man immer wieder auf kleine Gedenktafeln an Häusern, wo einst Personen wohnten, die Reuter später in seine Romane einflocht. Beispielsweise lebte direkt am Markt 4 der Schuldirektor aus ›Meine Vaterstadt Stavenhagen‹ und im Nachbarhaus der Bäcker Swenn aus ›Läuschen un Rimels‹.

Auch das **Schloss**, das man über die leicht ansteigende Kastanienallee links vom Literaturmuseum erreicht, ist eng mit Reuters Leben verbunden, denn in seiner Kindheit besuchte er hier fast täglich seinen Patenonkel, den Amtshauptmann Johann Joachim Weber. Heute ist hier die Stadtverwaltung untergebracht. Die **Reutergräber** auf dem Friedhof sind Grabstätten von Verwandten. Fritz Reuter selbst fand seine letzte Ruhestätte in Eisenach, wo seine Frau Luise 1863 eine Villa gekauft hatte, um den trinkfreudigen Gatten von seinen Stammtischbrüdern wegzulotsen.

Praktische Hinweise

Information: Touristeninformation im Schloss 1, Reuterstadt Stavenhagen, Tel. 039954/28350, Fax 28318, Internet: www.stavenhagen.de

Wer zählt die Jahresringe? 1000-jährig sollen die mächtigen Eichen im Tiergarten von Ivenack sein – ehrwürdigen Alters sind sie bestimmt

Hotel

Schlosshotel Kittendorf, Kittendorf (10 km südlich), Tel. 039955/500, Fax 50140, Internet: www.schloss-kittendorf.de. Renoviertes Haus in Tudorgotik, riesiger Landschaftspark, Café in der Orangerie.

Café

Café Latte, Dorfstr. 3, Mittelhof (9 km südlich), Tel./Fax 039955/20252. Atelier-Museum, in dem es Kaffee und Kuchen sowie Wein und kleine Imbisse gibt.

30 Ivenack

Eichen, Damwild und der edle Herodot.

Von Stavenhagen aus kann man gemütlich durch Weiden und Felder nach Ivenack (6 km) wandern und gelangt dabei über die Anhöhe der Krähenberge. Von dort oben hat man einen herrlichen Blick auf den idyllischen **Ivenacker See**, an dessen Ufer ein Schloss liegt. Erbaut wurde **Schloss Ivenack** ca. 1730–40 auf den Fundamenten eines bereits 1252 gegründeten Zisterzienserinnenklosters. Der H-förmige repräsentative Grundriss der Anlage spiegelt die Bedeutung des 1709 zur Grafschaft erhobenen Majorats wider. Derzeit wird das Schloss saniert. Lohnend ist vor allem ein Spaziergang durch den schönen **Landschaftsgarten**, in den kleine Parkarchitekturen, ein Teehaus und eine Orangerie, übrigens die älteste erhaltene Barock-Orangerie Mecklenburgs, eingestreut sind. Überhaupt bildet das Schloss zusammen mit Park, Kirche und den Arbeiterhäusern ein gut erhaltenes Beispiel eines typisch mecklenburgischen Gutsdorfes.

Der neben dem Schloss befindliche **Marstall** war früher Teil eines Gestüts. Aus dem berühmten Ivenacker Gestüt ging Anfang des 19. Jh. der Prachthengst *Herodot* hervor. Die Qualitäten dieses Schimmels blieben auch Napoleon nicht verborgen, jedenfalls soll er das Tier auf seinem Beutezug mit nach Paris genommen haben, von wo es erst auf Veranlassung Marschall Blüchers nach den Befreiungskriegen zurückkehrte. Ein Rundmedaillon am Marstall erinnert an diese Geschichte.

Mittlerweile weit über Mecklenburgs Grenzen hinaus bekannt ist der **Tiergarten** von Ivenack mit seinen 1000-jährigen Eichen. Sechs Stück sind es an der Zahl. Das dickste Exemplar hat einen Umfang von stolzen 11 m. Immerhin zwölf Personen müssen mit ausgestreckten Armen eine Kette bilden, um diesen Baum umfassen zu können. Im Tiergarten tummelt sich übrigens auch ein Damwildrudel.

Mecklenburgische Seenplatte – Land der stillen Wasser

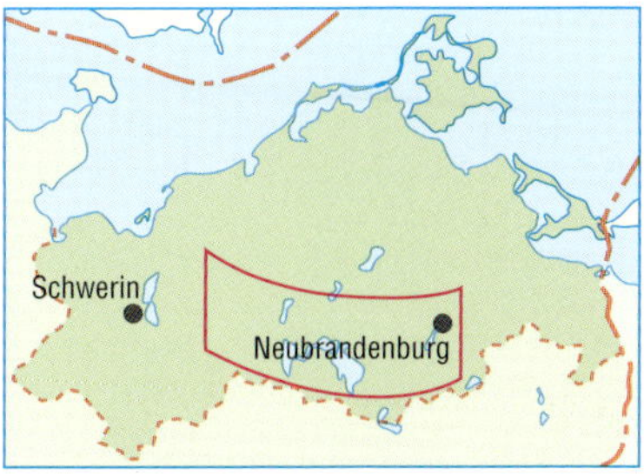

Die weite Seenlandschaft zwischen Neubrandenburg im Osten und Sternberg im Westen – ein ebenso aufregendes wie faszinierendes **Labyrinth** von **Seen, Flüssen** und **Kanälen** – ist das größte zusammenhängende Wasserrevier im Herzen Europas. Mit Hunderten von großen, mittleren bis kleinsten Seen inmitten ausgedehnter Buchen- und Kiefernwälder ist es geradezu eine ideale Ferienregion, ein **Dorado** für **Badelustige** und **Wassersportler**. Herzstück dieser reizvollen, in der Eiszeit ausgehobelten Landschaft ist die Müritz – nach dem Bodensee Deutschlands zweitgrößtes Binnengewässer.

In der einzigartigen Wald- und Wiesenlandschaft drumherum haben sich hochsensible und gefährdete **Tierarten** wie Schwarzstorch und Fischotter gehalten. Auch die **Pflanzenwelt** in den zahlreichen Feuchtgebieten und Mooren bietet mit wilden Orchideen oder leuchtend blühendem Ginster seltene und farbenprächtige Exemplare.

Alle Wege führen ans Wasser – bei Reisen im Gebiet der Mecklenburgischen Seenplatte sollten Bade-Utensilien immer im Gepäck sein

TOP TIPP

31 Neubrandenburg

Stadt der vier Tore mit bezaubernden Wiekhäusern.

Die 1248 gegründete Stadt erhielt innerhalb eines fast runden Grundrisses ein rechtwinkliges Straßenraster, was noch heute dafür sorgt, dass man sich kaum verlaufen kann. Während des 18. und 19. Jh. lag hier das kulturelle und ökonomische Zentrum des Herzogtums Mecklenburg-Strelitz. So galt Neubrandenburg vor dem Krieg als **Rothenburg des Nordens**. Die fast vollständige Zerstörung wurde zwar durch den weitgehenden Wiederaufbau des historischen Stadtkerns wettgemacht, doch schieben sich neue gesichtslose Viertel ins Zentrum, die das Bild verderben. Mit Trabantenstädten, Hochschulen und viel Industrie ist Neubrandenburg heute Mittelpunkt Ostmecklenburgs und drittgrößte Stadt Mecklenburg-Vorpommerns.

Die Hauptsehenswürdigkeiten der Stadt sind bei einem Spaziergang entlang der fast vollständig erhaltenen, an manchen Stellen noch 7 m hohen mittelalterlichen Stadtmauer zu entdecken, unweigerlich trifft man dabei auf die vier grandiosen **Toranlagen** (14./15. Jh.) – Friedländer, Neues, Stargarder und Treptower Tor. Diese stolzen Zeugen schönster norddeutscher Backsteingotik – eher Zier als Wehr – haben mit Ausnahme des Neuen Tors jeweils ein Innentor und ein Vortor, wobei jedes unterschiedlich mit Giebeln, Terrakottafiguren, filigranem Maßwerk, Türmchen und Blendbogen dekoriert ist. Im Treptower Tor logiert das *Neubrandenburger Regionalmuseum* mit seiner frühgeschichtlichen Abteilung. Zauberhaft wirken die **Wiekhäuser** (ehem. Wehrhäuser), gepflegte Fachwerkerker, die im Abstand von 30 m wie Schwalbennester in der Stadtmauer hängen.

Wie in Stavenhagen [s. S. 88] erinnert auch in Neubrandenburg vieles an Fritz Reuter, der hier 1856 ›Einlieger‹ wurde, wie er es nannte, und sich als freier Schriftsteller einen Namen machte, bevor er 1863 nach Eisenach umzog. Das **Reuter-Wohnhaus** lag in der Stargarder Straße 35. In der **Gaststätte Fürstenkeller** (Tel. 5 69 19 91) nebenan verbrachte Reuter viele feuchtfröhliche Stunden. Der **Mudder-Schulten-Brunnen** (1923, Wilhelm Jäger) in den Wallanlagen am nördlichen Ende der Stargarder Straße spielt auf eine Szene aus Reuters Werk ›Dörchläuchting‹ an, das gegen Ende des 18. Jh. spielt: Beide Arme in die Hüften gestemmt, präsentiert die dralle Bäckersfrau Mudder Schulten ihrem Landesvater Großherzog Adolf Fried-

Filigranes Maßwerk, rosettengeschmückte Blendbögen und Ziergiebel zeichnen das Treptower Tor in Neubrandenburg aus – ein mittelalterliches Schleusensystem vom Feinsten

Wiekhäuser – die Stadtmauer Neubrandenburgs wurde alle 30–50 m mit Wehrbauten besetzt

rich IV. die Rechnung, da dieser ihr das Geld für jahrelange Brötchenlieferungen schuldet. »Impertinentes Frauensmensch!« soll dieser laut Brunneninschrift verblüfft geantwortet haben, »rep hei un stödd ehr de Reknung ut de Hand«. Auf dem Platz gegenüber thront der Dichter als **Denkmal** (1893, Martin Wolf), verschmitzt auf den Betrachter herablächelnd, Stift und Papier gezückt, als wolle er gleich losschreiben.

Weithin sichtbar ist der markante Turm der gotischen **Marienkirche**, die im Juli 2001 als **Konzertkirche Neubrandenburg** in Betrieb genommen wurde. Seit der Zerstörung der Kirche 1945 standen nur noch die Außenmauern. Mit seinem prächtigen Maßwerk erinnert ihr Ostgiebel an die Westfassade des Straßburger Münsters. Nun ist das innen moderne und außen historische Bauwerk Heimstatt der Neubrandenburger Philharmoniker (Programm und Tickets: Tel. 5 69 98 32, Internet: www.philharmonie-online.de). In der nahen Pfaffenstraße 22 wurde ein barockes Fachwerkhaus mit einem modernen Glasanbau zum **Schauspielhaus** (Kartenbestellung, Tel. 5 69 98 32) vereinigt, in dem das Neubrandenburger Kammertheater seine Stücke aufführt.

In der Großen Wollweberstraße, die mit wunderschönen alten Fachwerktraufenhäusern bestückt ist, zeigt die **Kunstsammlung Neubrandenburg** (Große Wollweberstr. 24, Di–So 10–17 Uhr, Café im Museumshof) städtisches Kunsteigentum und internationale zeitgenössische Kunst.

Ausflüge

Vom Malliner, Lübkower und Großen Stadtsee umgeben ist das 20 km westlich gelegene Städtchen **Penzlin**. Zur Besichtigung zu empfehlen, vor allem mit etwas älteren Kindern, ist das *Museum für Magie und Hexenverfolgung* in der Alten Burg (Mai–Okt. Di–Fr 9–17, Sa/So 10–17, Nov.–April Di/Mi 10–13, Sa/So 13–16 Uhr, Tel. 0 39 62/21 04 94), in dem bis 1697 der Hexerei angeklagte Frauen zu Tode gefoltert wurden. Außer den dazu notwendigen drastischen Utensilien bekommt man im Rahmen einer guten Führung noch die rußgeschwärzte Burgküche und den Rittersaal zu sehen.

Einen Ausflug lohnt auch die malerisch zwischen Berge gebettete Kleinstadt **Burg Stargard**, wo neben der Stadtkirche mit einem barocken Kanzelaltar (1770) vor allem die herzogliche *Burg Stargard* (Museum und Bergfried: Sommer Di–So 10–17, Winter Di–Do 10–16, Sa/So 13–16 Uhr, Tel. 03 96 03 / 2 28 52) mit ihrer romantischen Steinbrücke, den vielen Toren, dem Marstall (heute Sitz des Museums), einer Alten Münze und dem Amtsschreiberhaus schon fast ein eigenes Programm bildet. Umfangreiche archäologische Ausgra-

bungen brachten ein düsteres, 15 m tiefes Gefangenenverlies unterhalb des Bergfrieds zutage, von dessen Schrecken man sich im kleinen Burgcafé erholen kann.

Praktische Hinweise

Tel.-Vorwahl Neubrandenburg: 03 95
Information: Stadt-Info, Marktplatz 1, Tel. 1 94 33, Fax 5 66 76 61, Internet: www.neubrandenburg.de, www.burg-stargard.de

Hotels

Bornmühle, Bornmühle 35, Groß-Nemerow (10 km außerhalb), Tel. 03 96 05/6 00, Fax 6 03 99, Internet: www.bornmuehle.com. Modernes familiengeführtes Landhaus der gehobenen Klasse in wunderschöner Umgebung am Tollensesee. Solide Küche, Hallenbad.

Gasthaus-Hotel Badehaus, Parkstr. 3–4, Tel. 5 71 92 40, Fax 57 19 24 22, Internet: www.badehaus-am-see.de. Kleines Haus mit Biergarten, direkt am Tollensesee.

Restaurants

Zur Kartoffelmaus, Windsbergweg 4 (im Parkhotel), Tel. 5 84 11 93. Alles rund um die Knolle!

Gaststätte Wiekhaus 45, 4. Ringstr./Ecke Pfaffenstr., Tel. 5 66 77 62. Die Einkehr in einem der urigen Häuschen bietet sich wie von selbst an.

32 Feldberg

Ruhepunkt inmitten der stillen Feldberger Seenlandschaft.

Feldberg ist eine ruhige Provinzstadt, die sich malerisch an das Südwestufer des Haussees schmiegt. Den schönsten Blick über das **Panorama** hat man vom 145 m hohen Reiherberg oder dem benachbarten Hüttenberg, die beide von der Stadt aus erwandert werden können (2,5 km). So sind es eher die landschaftlichen Reize als die Sehenswürdigkeiten, die Touristen hierher ziehen.

Lange stand die Feldberger Halbinsel Amtswerder bei Ur- und Frühgeschicht-

Bewaldete Inselgrüppchen setzen Farbtupfer in das Blau des Haussees

Naturpark Feldberger Seenlandschaft

Der Naturpark Feldberger Seenlandschaft bildet den östlichen Teil der Mecklenburgischen Seenplatte. Nur ein knappes Drittel des 1100 km² großen Gebietes gehört zu Mecklenburg-Vorpommern, der südliche Teil mit der Stadt Lychen liegt Brandenburg. Innerhalb des Naturparks sind 15 kleinere Naturschutzgebiete ausgewiesen, zumeist sumpfige Kesselmoore, Wälder und unglaublich klare Seen, von denen der **Breite** *und der* **Schmale Luzin**, *der* **Haussee**, *der* **Zansen** *und der* **Carwitzer See** *die bekanntesten sind. Ungestört konnte sich hier eine artenreiche Flora und Fauna entfalten. Besonders stolz ist das Parkamt auf den Bestand an* **Fischottern**, *einer seltenen und äußerst scheuen Marderart, die nur an absolut sauberen Gewässern lebt. Wanderungen bietet das* **Naturparkamt Feldberger Seenlandschaft** *(Tel. 03 98 31/5 27 80). Busverkehr mit der Otter-Linie (Tel. 03 98 1/42 10 10, Internet: www.nationalparkticket.de).*

lern in dem Ruf, Kultstätte der geheimnisvollen slawischen Tempelburg Rethra gewesen zu sein, in der Realität stand hier zwischen dem 7. bis 9. Jh. aber eine Burg des Slawenstammes der Redarier, in der bis zu 1200 Menschen lebten. Die Ausstellung in der winzigen **Heimatstube** (Mai–Okt. Mo, Mi, Fr 10–11.30, Sa/So 10–12 und 14–16 Uhr) in einem ehem. Spritzenhaus am Amtsplatz veranschaulicht diesen Teil der Stadtgeschichte.

Von der spätklassizistischen Stadtkirche, die erhaben auf einer kleinen Anhöhe im Ortskern liegt, kann man zum **Wiesenpark** an der Kastanienallee wandern. Hier führt ein 1 km langer Lehrpfad auf einem Holzsteg durch von mannshohen Gräsern bestandene Wiesen. Eine ebenso reizvolle Tour führt über den Ortsteil Neuhof nach 3 km in die **Heiligen Hallen**, ein Naturschutzgebiet mit uraltem, teils 330-jährigem Rotbuchenbestand.

Praktische Hinweise

Information: Tourismusverein im Naturpark Feldberger Seenlandschaft e.V., Kurverwaltung im Haus des Gastes, Strelitzer Str. 42, Tel. 03 98 31/27 00, Fax 2 70 27, Internet: www.feldberg.de

Hotel

Altes Zollhaus, Am Erddamm 6, Tel. 03 98 31/2 02 59, Fax 2 02 69. Netter Familienbetrieb mit Biergarten und Kinderspielplatz unmittelbar am Breiten Luzin gelegen.

33 Carwitz

Das Dorf des Schriftstellers Hans Fallada.

TOP TIPP

Carwitz ist von Wasser umgeben – im Süden vom Dreetz, im Osten vom Carwitzer See, im Nordosten vom Zansen und im Westen vom **Schmalen Luzin**. Vor dem aus Richtung Feldberg Kommenden breitet er sich am Ortseingang unterhalb der Landstraße in atemraubendem Türkis glitzernd aus.

Das Arbeitszimmer von Hans Fallada in Carwitz

Wenige Meter weiter liegt der Dorffriedhof, auf dem der Schriftsteller *Hans Fallada* alias Rudolf Ditzen (1893–1947) sowie seine erste Ehefrau Anna Margarete und Töchterchen Lore bestattet sind. Touristen besuchen meist das **Hans-Fallada-Haus** (Zum Bohnenwerder 2, Mai–Okt. Di–So 10–17, Nov.–April Di–So 14–16 Uhr, Tel. 03 98 31/ 203 59, Internet: www.fallada.de), einst Wohnsitz der Falladas, ganz am Ende des Dorfes. Als Fallada 1932 mit seinem Arbeitslosenroman ›Kleiner Mann – was nun?‹ schlagartig weltberühmt wurde, kaufte er das stille Haus direkt am Ufer des Carwitzer Sees und produzierte hier im Verlauf von zwölf Jahren weitere Erfolgstitel wie ›Wer einmal aus dem Blechnapf frisst‹ und ›Wolf unter Wölfen‹. Humoristisch und mitreißend erzählt er in ›Heute bei uns zu Haus‹ vom Landleben in Carwitz. Das Haus ist mittlerweile Museum und Begegnungsstätte. Falladas Arbeitszimmer mit der klapprigen alten Schreibmaschine blieb über die Jahre fast unangetastet. Neben Fallada-Erinnerungen hat Carwitz auch eine reizende kleine **Fachwerk-Dorfkirche** (1706) zu bieten. Ihrem barocken Kanzelaltar sind ein älterer Kanzelkorb sowie hübsche Schnitzfiguren und Flügel eines spätgotischen Altars integriert.

Im Dorf zweigt ein kilometerlanger Staubweg zu den Hünengräbern im bewaldeten **Naturschutzgebiet Hullerbusch** ab, wo man gegenüber vom Hotel gleichen Namens eine handbetriebene Personenfähre über den Schmalen Luzin (im Sommer tgl. 10–18 Uhr) zurück nach Feldberg nehmen kann.

Praktische Hinweise

Hotel

Hotel-Restaurant Hullerbusch, außerhalb von Carwitz, Tel. 03 98 31/2 02 43, Fax 2 08 66. Kleines Herrenhaus mit Park, einsam gelegen, bodenständige Küche, Terrasse.

34 Neustrelitz

Die alte Barockresidenz der Herzöge von Mecklenburg-Strelitz.

Neustrelitz verdankt seine Entstehung und seine charmante Ausstrahlung Herzog Adolf Friedrich III. von Mecklen-

Neustrelitz: Blick vom ›Bodderfatt‹ auf Friedrich Wilhelm Buttels Rathaus (links)

burg-Strelitz, der 1733 seine Residenz von Altstrelitz hierher verlegen ließ. Bis 1918 blieb das Städtchen Residenz des Herzogtums. Durch den Hof siedelten sich Kaufleute, reiche Bürger und höheres Militär an, wovon noch heute die hübschen klassizistischen Häuser der Altstadt zeugen. In der ab 1733 planmäßig vom herzoglichen Baumeister Julius Löwe angelegten Stadt gehen acht Straßen sternförmig vom quadratischen **Markt** aus. Die **Stadtkirche** (1778) wird von den Neustrelitzern wegen ihres stämmigen Glockenturms ›Bodderfatt‹ (Butterfass) genannt. Friedrich Wilhelm Buttel fügte ihn 1831 der Kirche an. Der Aufstieg auf die Turmplattform ist keine Kleinigkeit, man wird aber mit einem herrlichen Blick über die Stadt und den Zierker See belohnt. Buttel schuf auch das gegenüberliegende **Rathaus** (1841) mit seinen mächtigen Rundbögen.

Anhand von Porzellan, Kunsthandwerk, Gemälden und Plastiken zeigt die Ausstellung im **Stadtmuseum** (Schlossstr. 3, Mai–Sept. Di–So 11–17, Okt.–April Di–Fr 10–16, So 14–17 Uhr), dass der Hof berühmten Künstlern wie Christian Daniel Rauch, Peter Joseph Lenné und Bertel Thorwaldsen Aufträge verschaffte – gefördert durch die engen Beziehungen zu Preußen, denn Königin Luise von Preußen war die Tochter des Herzogs Carl von Mecklenburg-Strelitz.

Die von Julius Löwe erbaute Schlossresidenz brannte 1945 aus und wurde abgetragen. Sie wurde 2001 als ›Luftschloss‹ aus einer wetterfesten Gaze auf Stahlträgern wieder aufgebaut und dient nun alljährlich als Open-Air-Kulisse für die Schlossgartenfestspiele mit Opern- und Operettenaufführungen (Tel. 2 39 30, Internet: www.schlossgartenfestspiele.de). Der weitläufige **Schlosspark** lohnt einen ausführlichen Rundgang. Hauptattraktionen sind die Gedächtnishalle für Königin Luise, die Sandsteinplastiken der *Götterallee* und der klassizistische *Hebe-Tempel* (1840) mit der anmutigen Marmorskulptur (Kopie!) von Antonio Canova. Vom Schlossgarten sind es nur wenige Schritte bis zum Zierker See, um den ein Rundwanderweg führt. Die elegante *Orangerie* (1755, Umbau 1842 u.a. durch Karl Friedrich Schinkel) wartet mit in den mecklenburgischen Landesfarben Rot, Blau und Gelb gehaltenen Sälen auf, überwölbt von Deckengemälden im pompejanischen Stil und ausstaffiert mit Schinkelschen Leuchtern.

In der von bleistiftspitzen Türmen gerahmten neugotischen **Schlosskirche**

Von den fürstlichen Bauten in Neustrelitz blieb u. a. die neugotische Schlosskirche erhalten

Göttin der Jugend und Mundschenkin der Götter – Tempel der Hebe im Schlosspark ▷

Nahe der Mirower Schleuse: Alle Kraft voraus Richtung ›Tor zur Müritz‹

(1859) wurde 2001 die **Plastikgalerie** (Mai – Okt. tgl. 10–18 Uhr) mit Skulpturen aus Privatsammlungen und Museen eröffnet.

Reizvoll ist auch der südlich anschließende **Tiergarten** mit dem Hirschportal (Haupteingang Am Tiergarten 14). Ein breit gefächertes kulturelles Angebot, vom Schauspiel über Konzerte bis zum Kabarett bietet das **Landestheater Neustrelitz** (Kartenbestellung, Tel. 206400).

Ausflug

Mit dem Bau von **Schloss Hohenzieritz** (10 km nördlich) wurde 1747 begonnen, in den folgenden Jahrhunderten wurde es beständig erweitert. Hier starb die beliebte Preußenkönigin Luise. Im Schloss mit dem großen Park, dem Luisentempel und der kreisrunden Schlosskirche (1806) kann man auf den Spuren ihrer Vorfahren wandeln, die hier die Sommerfrische verbrachten, und auch das Sterbezimmer der Königin einsehen.

Praktische Hinweise

Tel.-Vorwahl Neustrelitz: 03981
Information: Stadtinformation Neustrelitz, Markt 1, Tel. 253119, Fax 205443, Internet: www.neustrelitz.de

Hotels

Hotel Farmland, Quadenschönfeld, Tel. 03964/25500, Fax 255030. Kleines Haus im Grünen mit familiärer Atmosphäre, Restaurant und Reitstall.

TOP TIPP **Romantik Hotel Borchard's Rookhus**, Am großen Labussee 12, Wesenberg, Tel. 039832/500, Fax 50100, Internet: www.rookhus.de. Luxuriöse Viersterne-Romantik mit britischem Flair, einsame Lage am See, zwei Restaurants verwöhnen den Gaumen.

Schlossgarten, Tiergartenstr. 15, Neustrelitz, Tel. 24500, Fax 245050, Internet: www.hotel-schlossgarten.de. Einst Wohnstätte des Mecklenburg-Strelitzer Hofadels, heute komfortables Hotel mit Restaurant und Gartenterrasse.

35 Mirow

Das Tor zur Kleinmecklenburgischen Seenplatte verbindet die brandenburgische Seenlandschaft mit der Müritz.

Die auf eine Niederlassung des Johanniterordens (1227) zurückgehende Kleinstadt profitiert heute von ihrer Lage am Müritz-Havel-Kanal. Die **Mirower Schleuse** ist die viel befahrene Schaltstelle zwischen den zahllosen Gewässern der Kleinmecklenburgischen Seenplatte, die sich ins Brandenburgische erstreckt, und der Mecklenburgischen Seenplatte mit der Müritz im Norden, über die eine Verbindung zur Ostsee besteht.

Stimmungsvoll ist es auf der **Schlossinsel**, eine Steinbrücke mit altem Torhaus schafft Verbindung mit der Altstadt. Herzog Karl von Mecklenburg-Strelitz ließ sich 1587 in der verlassenen Ordens-Komturei nieder. Mirow war damit Residenz und blieb es bis zur offiziellen Verlegung der Hofhaltung nach Neustrelitz um 1730. Damals entstanden das heutige **Barockschloss** mit dem gegenüberliegenden Kavalier- und Küchengebäude, eine beeindruckende Anlage von sehr stimmungsvoller Atmosphäre. Die ehem. **Johanniterkirche** wurde 1704 um eine Grablege ergänzt, in der vom 18. bis zum 19. Jh. alle Mitglieder des Strelitzer Herrscherhauses beigesetzt wurden. Der letzte regierende Großherzog, Adolf Friedrich VI., der sich 1918 angeblich wegen einer unglücklichen Liebe das Leben nahm, wurde abseits, auf der romantischen kleinen Liebesinsel bestattet. Sein Grabmal trägt eine gebrochene Säule.

Praktische Hinweise

Information: Tourist-Information Mirow, Torhaus, Tel./Fax 039833/28022, Internet: www.mirow.m-vp.de

36 Röbel

Beliebtes Wassersportparadies in einer Müritzbucht.

Ihre ungemein bezaubernde Lage am Westufer der Müritz ist sicher Ursache dafür, dass die Stadt Röbel während der letzten Jahre einen vehementen touristischen Aufschwung erlebt hat. Auf der langen Uferpromenade tut sich einiges. Besonders am Hafen, wo voll besetzte Passagierschiffe zu einem Ausflug über die Müritz starten, Tret- oder Paddelbötchen entliehen und Segelboote fleißig auf- und abgetakelt werden, ist **Urlaubsstimmung** zu spüren.

Noch heute, z. B. bei einem Spaziergang entlang der Straße des Friedens, merkt man, dass die Stadt einmal aus zwei Keimzellen bestand. Denn im Zuge der deutschen Ostsiedelung wurde eine neue Siedlung neben dem slawischen Röbel angelegt. 1217 wurde dieses Neu-Röbel »angelegt und fundiert«, wie das Kirchenbuch von St. Nikolai zu berichten weiß. Auf Höhe der Straße ›Achter dei Muer‹ verlief im Mittelalter eine Stadtmauer, die die jüngere Siedlung umschloss und darüber hinaus noch die Grenze zweier Bistümer bildete. **Alt-Röbel** mit der frühgotischen Marienkirche unten am Wasser war dem Bistum Schwerin, das planmäßig angelegte **Neu-Röbel** mit der gotischen Nikolaikirche

Im Müritz-Hafen von Röbel geht es mitunter auch hektischer zu

Wasserparadies Müritz – Blick vom Röbeler Marienkirchturm nach Westen

am Marktplatz dem Bistum Havelberg zugehörig.

Eine Augenweide ist der Innenraum der **Marienkirche** mit dem zart bemalten Kreuzrippengewölbe im Chorraum und dem Sterngewölbe im Langhaus. Hübsch sind die neugotischen Schnitzarbeiten der Kanzel und des Gestühls, kostbar hingegen der Schnitzaltar vom Anfang des 16. Jh. mit der Mondsichelmadonna im Mittelfeld, umgeben von Heiligen, und Tafelbildern zu Heiligenlegenden auf der Rückseite. TOP TIPP Großartig ist der Blick vom 58 m hohen **Turm der Marienkirche** über Fachwerkhäuser, weites Land und die Müritz. Am schräg gegenüber liegenden Fachwerkhaus (Straße der Einheit 47) erzählt die **Wandmalerei** von Werner Schinko die Geschichte von Karl Lehmann, eines weithin bekannten einarmigen Röbelers, der früher als Ausrufer mit Glocke durch die Stadt ging.

In der Neustadt lohnt der neugotisch restaurierte Innenraum der **Nikolaikirche** eine Besichtigung. Davor steht die dicke **Friedenseiche**, die 1816 im Gedenken an die in den Napoleonischen Freiheitskriegen Gefallenen gepflanzt wurde. Vor dem klassizistischen Rathaus, gleich um die Ecke, gibt es dienstags, donnerstags und samstags, jeweils am Vormittag, **Wochenmarkttrubel**. Bei schlechtem Wetter ist die neue Müritz-Therme (Am Gotthuns-Kamp, tgl. 9–21, Fr/Sa bis 22 Uhr) mit Sauna und Wasserrutsche eine echte Alternative.

Ausflug

In **Klink**, auf der Landzunge zwischen Müritz und Kölpinsee, versetzt der Anblick des im 19. Jh. errichteten Schlosses derer von Schnitzler den Betrachter in das Loire-Tal. In dem heutigen Schlosshotel wurde die ZDF-Serie ›Unser Charly‹ gedreht. Bei schönem Wetter stets gut besucht ist die große Restaurant-Terrasse zur Müritz hinaus (Tel. 0 39 91/74 70).

Praktische Hinweise

Tel.-Vorwahl Röbel: 03 99 31
Information: Tourist-Information Röbel, Haus des Gastes, Straße der Deutschen Einheit 7, Tel. 5 06 51, Fax 5 35 91, Internet: www.roebel.m-vp.de

Wassersport

Wasser-Service-Center, Seebadstr. 37, Tel. 5 11 23. Segel- und Motorbootcharter, Wassersportschule, Anglerscheine samt Zubehör für Petrijünger.

Städtisches Strandbad, Seebadstraße, Tel. 5 91 24, mit Sandstrand und Liegewiese.

Restaurants

Müritzterrasse, Straße der Einheit 27, Tel. 89 10. Hotel-Restaurant der Mittelklasse, reizvolle Terrasse zur Müritz.

Seglerheim, Müritzpromenade 11, Tel. 5 91 81, Fax 5 92 06. In die Müritzbucht hinausgebautes Hotel-Restaurant, gutbürgerlich, mit guter Fischküche.

37 Waren

Herz der mecklenburgischen Seenlandschaft und Haupteingang in den Müritz-Nationalpark.

Majestätisch steigt die 22 000-Einwohner-Stadt Waren in sanften Terrassen über dem Nordufer der **Müritz** auf. Der Name dieser riesigen, durchschnittlich 6 m tiefen Wasserschüssel mit einer Gesamtfläche von 116,8 km^2 leitet sich vom slawischen *Morcze* (kleines Meer) ab. Wie viele andere Städte der Umgebung erhielt auch Waren um 1260 Schweriner Stadtrecht und gedieh in der Folgezeit aufgrund seines Fischreichtums sowie der günstigen Verkehrsverbindungen durch die zeitweilige Elde-Kanalisierung und den Eisenbahnbau zum wirtschaftlichen Umschlagplatz in Mecklenburg. Im 19. Jh. entdeckten die Sommerfrischler die klimatischen Vorzüge der Warener Mischung aus frischer Seebrise und dem Tannenduft des Hinterlandes – einer von ihnen war der Schriftsteller Theodor Fontane. Seit der Wende hat sich die Stadt zum touristischen Mittelpunkt der gesamten Mecklenburgischen Seenplatte gemausert.

Nach dem letzten Stadtbrand von 1699, der bis auf die beiden Kirchen – St. Marien mit barockem Helm und St. Georg – und wenige Häuser rund um den **Alten Markt** alles hinwegfegte, entstanden viele barocke **Fachwerkhäuser**, die das Bild der Kleinstadt noch heute prägen. Eines der schönsten ist die

Liebevoll restauriertes Fachwerkhaus am Marktplatz in Waren

Löwen-Apotheke am **Neuen Markt**, dem Zentrum der Stadt. Gegenüber erhebt sich das *Neue Rathaus*, in dem das stadtgeschichtliche Museum (April–Sept. Mo–Fr 10–18, Sa/So 14–17 Uhr) seinen Sitz hat. Von hier aus kann man die **Lange Straße**, Warens Einkaufsboulevard, hinunterschlendern und gelangt so zum **Müritz-Museum** (Friedensstr. 5, Mai–Sept. Di–Fr 9–18, Sa/ So 9–12, 14–17 Uhr; Okt.–April Di–Fr 10–16, Sa/So 10–12, 14–16 Uhr). Mit botanischen, zoologischen und geologischen Exponaten wird hier die Mecklenburger Land-

Von der einstigen Bedeutung als Umschlagplatz künden die alten Speicher am Warener Hafen

Kraniche – häufige Besucher im Nationalpark

TOP TIPP Müritz-Nationalpark

Bei einem Aufenthalt in Waren sollte man sich eine Fahrradtour oder eine Wanderung in den Müritz-Nationalpark nicht entgehen lassen (bestimmte Wege sind auch mit Nationalpark-Bussen passierbar). Dieser großartige Naturraum (318 km²) mit weiten Wäldern, Wiesen, vielen Mooren und noch mehr Seen vereint die Lebensräume vieler gefährdeter Tiere und Pflanzen. Hier kreisen majestätische Seeadler, Fischadler und Kraniche, flattern bunte Schmetterlings- und Libellenarten, blühen bizarre Farne und zauberhafte Orchideen.

Als Ausflugsziele bieten sich der Ort **Speck** *an, wo das Nationalparkamt Mecklenburg-Vorpommern in einem alten Jagdschloss seinen Sitz hat, oder weiter westlich, in der Wacholderheide am Spukloch, der* **Müritzhof**, *wo Behinderte unter Betreuung des Lebenshilfewerks 300 Tiere der seltenen Fjällrinder versorgen.* **Auskunft:** *Nationalparkservice, Tel. 03991/668849, Internet: www.mueritz.de*

schaft in einem Bogen von der Eiszeit bis zur Gegenwart anschaulich vorgeführt. Den Herrensee hinter dem Haus umfängt ein kleiner *Tiergarten* und in den 33 Becken des *Müritz-Aquariums* leben rund 40 Arten heimischer Süßwasserfische und Krebse.

Vom Museum ist es nicht weit bis zur **Steinmole**, an der täglich von 8 bis 16 Uhr frischer Fisch verkauft wird. Hier starten auch die Ausflugsschiffe zu einer Tour über die Müritz und die angrenzenden Gewässer. Die mächtigen **Getreidespeicher** unten am **Stadthafen** stammen noch aus dem 19. Jh., als Waren große Bedeutung als Umschlagplatz für den Holz- und Kohlehandel hatte. Sie wurden mittlerweile zu Ferienapartments mit Restaurants und Boutiquen umgebaut.

Ausflug

Das 20 km entfernte **Ankershagen** ist der Heimatort von Heinrich Schliemann (1822–1890). Im Elternhaus des großen Archäologen zeichnet das *Schliemann-Museum* (April – Okt. Di–So 10–17 Uhr) seine Lebensstationen nach und zeigt Kopien aus dem Schatz des Priamos. In der Kirche gegenüber predigte Vater Schliemann als Pfarrer und auf dem Friedhof befindet sich das Grab der früh verstorbenen Mutter [s. S. 30].

Praktische Hinweise

Tel.-Vorwahl Waren: 03991
Information: Müritz-Information, Neuer Markt 21, Tel./Fax 666183, Internet: www.waren-mueritz.de

In Erwartung der Gäste – Schlosshotel Groß Plasten

Filigrane Backsteinzier – Malchows neugotische Klosterkirche am Malchower See

Schiff

Warener Schifffahrtsgesellschaft, Tel. 66 30 34, Fax 12 56 93 und **Müritzwind Personenschifffahrt**, Tel. 66 66 64, beide Strandstraße, veranstalten Schiffsrundfahrten über die Müritz und die benachbarten Seen und Kanäle.

Wassersport

Helia Schützler, Gerhart-Hauptmann-Allee, Tel. 12 59 17. Verleih von Surfbrettern, Kanus und Katamaranen.

Müritz Marina GmbH, Am Seeufer 73, Tel./Fax 66 65 13, Ruder- und Motorbootverleih.

Kutschfahrten

Odebrecht, Papenbergstr. 44, Tel. 66 65 28. Der Kutscher fährt auch durch den Müritz-Nationalpark.

Hotels

Ingeborg, Rosenthalstr. 5, Tel. 6 13 00, Fax 61 30 30. Liebevoll möbliertes Hotel garni der Mittelklasse in Hafennähe, Fahrradverleih.

Sabines Bauernhof, Dorfstr. 8, Schloen (8 km außerhalb), Tel. 03 99 34 / 75 75, Fax 73 12. Kleines Privathotel auf dem Lande, Restaurant.

Schlosshotel Groß Plasten, Dorfstr. 43, Groß Plasten (13 km außerhalb), Tel. 03 99 34 / 80 20, Fax 8 02 99. Am See gelegenes Hotel der gehobenen Kategorie, zwei Restaurants, Schwimmbad, Sauna, Fitnessbereich. Nach Umbau im Mai 2003 neu eröffnet.

Restaurants

Café Müritzblick, Richterstr. 1, Tel. 6 72 40. Süßes und Herzhaftes mitten in der Altstadt, Terrasse mit tollem Müritzblick.

Restaurant im Hotel kleines Meer, Alter Markt 7, Tel. 64 80. Hier kocht Andreas Mahr hochgelobte Gourmetqualität.

Zum Eichenhof, Chaussee 9, Möllenhagen, Tel. 03 99 28/53 93. Solide und preiswerte Küche, etwas außerhalb.

38 Malchow

Inselstadt mit malerisch gelegener Klosterkirche.

Die im 19. Jh. als ›Mecklenburgisches Manchester‹ bekannte Tuchmacher- und Färberstadt hat sich wegen ihrer besonderen landschaftlichen Lage zwischen Fleesen-, Malchower und Plauer See mittlerweile als Urlaubsdomizil einen Namen gemacht. Der historische Altstadtkern liegt auf einer **Insel**, die nach Osten über einen 1846 aufgeschütteten Damm mit der Klosterkirche und nach Westen über eine Drehbrücke mit dem Ort auf dem Festland verbunden ist.

Sind auf Besucher eingestellt – Wisente im Damerower Werder

Den **Markt** der Altstadt umsteht die ›kommunale Dreieinigkeit‹, bestehend aus dem hübschen *Fachwerk-Rathaus* (18. Jh.) mit Stadtwappen, dem backsteinernen *Amtsgericht* mit Figur der Justitia und dem *Standesamt* mit dem niederdeutschen Spruch auf der Fassade: ›Hochtitdag, du lustig büst, de annern Dag, du Sorgen mööst.‹

Das 1298 gegründete **Büßerinnenkloster** auf der anderen Seite des Malchower Sees war einst ein selbstständiger Stadtteil, doch die mittelalterliche Klosteranlage wurde im 18. Jh. durch Wohnungen eines Damenstifts für Adelige und im 19. Jh. durch die neugotische *Klosterkirche* (Friedrich Wilhelm Buttel, 1849) ersetzt, die so wunderbar grazil über dem Wasser aufragt. Eine Rarität in Norddeutschland sind die aus Innsbruck stammenden farbigen Apostelfenster im Chorraum. 1997 öffnete hier außerdem das erste **Orgelmuseum** Norddeutschlands (April – Okt. 11 –17 Uhr).

Fachwerk in Malchow – das Rathaus stammt aus dem 18. Jh.

Ausflüge

7 km sind es bis **Alt Schwerin**. Dort gibt das *Agrarhistorische Museum* (April – Okt. Di – So 10 –18, Mai – Sept. tgl. 10 – 18 Uhr) einen Überblick über das harte Leben und Arbeiten in der mecklenburgischen Landwirtschaft. Die Realität kann man anschließend in mehreren, über das ganze Dorf verteilten Außenobjekten wie einer Tagelöhnerkate oder einer typischen genossenschafts-bäuerlichen Wohnung in Augenschein nehmen.

In der Nähe von Jabel liegt das **Naturschutzgebiet Damerower Werder** (tgl. 9 –18 Uhr, Fütterung Mo – Sa 10 und 15 Uhr) auf einer Halbinsel im Kölpinsee, in dem naturnah gezüchtete Wisente beobachtet werden können.

Praktische Hinweise

Tel.-Vorwahl Malchow: 03 99 32
Information: Fleesensee-Touristik, An der Drehbrücke, Tel. 8 31 86, Fax 8 31 25

Hotel

Gutshof Sparow, Sparow, Tel. 03 99 27 / 76 20, Fax 7 62 99. 6 km nördl. von Malchow gelegenes 4-Sterne-Haus mit Apartments, mitten im Naturpark.

Restaurant

TOP TIPP **Die Arche**, Lenzer Weg 1, Zislow (wenige km südwestl. von Malchow), Tel. 03 99 24/70 00, Fax 7 00 69, Internet: www.diearche.de. Abgeschiedenes Landhaus, hervorragende Vollwertmenüs, Gesundheitszentrum, kein Alkohol oder Nikotin.

39 Plau

Romantische Fachwerkidylle am drittgrößten See Mecklenburgs.

Mit seinen flachen Uferzonen ist der wald- und schilfgesäumte, durchschnittlich 8 m tiefe **Plauer See** ein Dorado für Badefans. Eine gute Badestelle gibt es direkt in Plau, an der Uferwiese in der H.-Niemann-Straße. Die Elde durchfließt den See auf ihrem Weg nach Schwerin und verlässt ihn wieder an der Stelle, wo 1225 die Stadt Plau gegründet wurde. Damals nannte sich der Ort noch *Plawe*, vom slawischen Wort für Flößort. Angesichts der umliegenden Eichenwälder ist das eine einleuchtende Namensgebung.

TOP TIPP

Die Stadt prosperierte wegen ihrer günstigen Lage an einer Handelsstraße zwischen Brandenburg und Rostock und erlebte im 19. Jh. durch die Ansiedlung zahlreicher Fabriken ihre eigene industrielle Revolution. Berühmt wurde der Plauer Pfarrerssohn Ernst Alban, der hier 1841 die **Hochdruckdampfmaschine** erfand, in einen Schaufelraddampfer einbaute und somit das erste Personendampfschiff der Welt auf dem Plauer See zu Wasser ließ. Fragen zur Stadtgeschichte beantwortet im Übrigen das **Heimatkundliche Museum** (April–Mitte Okt. tgl. 10–17 Uhr, sonst nur Gruppen auf Anfrage, Tel. 4 56 78) mit Sitz im mächtigen, runden *Burgturm* auf den parkähnlichen Wallanlagen am Burgplatz. Das Wahrzeichen der Stadt wurde im 15. Jh. errichtet. Ein Verlies zieht 11 m in die Tiefe, während die Plattform in 23 m Höhe Weitblicke beschert.

Die liebenswert heimelige Atmosphäre von Plau teilt sich besonders auf dem **Marktplatz** mit, der von schlichten

Vom Kormoran

Kaum eine Woche vergeht, in der die mecklenburg-vorpommersche Presse nicht über den Kormoran berichtet – meist geht es um den Streit zwischen Fischern und Ornithologen, die im Umwelt- und Naturschutz engagiert sind. Während die einen wütend auf den gewandten Taucher sind, der massenweise die Küstenkutter begleitet, dabei die Fische verstümmelt, Netze beschädigt und besonders gern Aale und Karpfen aus Reusen und Fischteichen stibitzt, fühlen sich die anderen zu Schutz und Arterhaltung berufen. Tatsächlich wird der Kormoran seit jeher als **Fischereischädling** *verfolgt, er wechselt daher häufig seinen Aufenthaltsort. Nachdem er zu Anfang des 20. Jh. fast ausgerottet war, nimmt die* **Population** *in Mecklenburg-Vorpommern seit den 80er-Jahren wieder zu. 1993 wurden 7300 Paare in 15 Brutkolonien gezählt, von denen die größte Europas in Niederhof bei Stralsund liegt. Traditionelle* **Rastplätze** *sind die Wismarbucht, der westrügensche und der Greifswalder Bodden sowie der Schweriner und der Plauer See.*

Zünftig geht es im Juli auf der Elde zu – Badewannenrallye in Plau

Fachwerkhäuschen, einem efeubedeckten Rathaus (1889) und der mächtigen Stadtkirche (mit sehenswerten spätgotischen Schnitzereien und einem Renaissance-Taufbecken) gerahmt wird. Ganz hinten, am Kirchplatz 3, erinnert das **Wandschneider-Museum** (Juni–Sept. Di–Sa 10–12, Mo–Fr 12.30–15 Uhr, sonst auf Anfrage) an den in Plau geborenen Bildhauer Wilhelm Wandschneider (1866–1944), der seine Hochphase in wilhelminischer Zeit hatte.

Unten an der Elde-Schleuse sind weitere Sehenswürdigkeiten zu entdecken: Die frühere **Synagoge**, in der sich seit 1921 die katholische Kirche befindet, ein alter **Getreidespeicher**, die interessante **Hubbrücke**, ein technisches Denkmal aus der Zeit vom Anfang des 20. Jh., und die sog. **Hühnerleiter**, eine ulkige Holzbrücke, von der man einen schönen Blick über die ganze Kanal-Szenerie hat. Einen Riesenspaß gibt es hier immer im Juli, wenn bei der *Badewannenrallye* die seltsamsten Gefährte auf der Elde vorbeipaddeln.

Praktische Hinweise

Tel.-Vorwahl Plau: 03 87 35
Information: Tourist-Information, Burgplatz 4, Tel. 4 56 78, Fax 4 14 21, Internet: www.plau.de

Baden

FKK auf der Insel Werder im Plauer See; bewachter Badestrand an der Seestraße.

Wassersport

Bootcenter Schlaak, Plauer Str. 1b, Tel. 4 55 33. Bootsverleih am Plauer See.

Hotels

Parkhotel Klüschenberg, Klüschenberg 14, Tel. 4 43 79, Fax 4 43 71, Internet: www.klueschenberg.de. Schickes Haus der gehobenen Klasse, im Park gelegen, mit Restaurant.

Seehotel Plau am See, Hermann-Niemann-Str. 6, Tel. 8 40, Fax 8 41 66. Hotel Relais du Silence mit dem See vor der Tür; gute Küche und aufmerksamer Service.

Stuersche Hintermühle, Seeufer 6, Bad Stuer, Tel. 03 99 24/7 20, Fax 72 47. Reetgedecktes Mittelklassehotel in hübscher Lage zwischen Plauer See und Wald. Mit Restaurant, Sauna, Boots- und Fahrradverleih.

40 Goldberg

Viel Natur – und ein Wolf im Heimatmuseum.

Goldberg ist ein ruhiges, von Seen umgebenes Städtchen, das zwar mit einer eigenen Präparationswerkstatt und einer naturkundlichen Sammlung im **Fachwerk-Heimatmuseum** (Müllerweg 2, Mo–Fr 9–12, 13–17, So 10–12, 14–17 Uhr) und mit der evangelischen **Stadtkirche** (Gottesdienste gelegentlich auf Plattdeutsch) einige Sehenswürdigkeiten zu bieten hat, dessen Reiz aber ansonsten eher die wasserreiche Umgebung des **Mildenitztals** – ein Flusstal mit terrassenartigen Ufern – ausmacht. Ein beliebtes Ziel sind auch die **Langenhägener Seewiesen** bei Techentin, ein renaturiertes Feuchtbiotop, in dem Kraniche, Gänse und Enten beobachtet werden können.

Gleichsam vor der Haustüre von Goldberg liegt der **Naturpark Nossentiner/ Schwinzer Heide**, dessen Kernstück das größte zusammenhängende Waldgebiet in Mecklenburg bildet. Eingelagert in die ausgedehnten Kiefern- und Buchenwälder sind unzählige glasklare Seen und ein Mosaik von Mooren und Feuchtwiesen. In **Karow** hat die Naturparkverwaltung ein *Informationszentrum* (Tel. 03 87 38/ 7 02 92) eingerichtet, wo man Wanderkarten erstehen und sich zu geführten Exkursionen anmelden kann.

Ausflüge

4 km nördlich von Goldberg ragen über dem See die Türme der **Dobbertiner Klosteranlage** auf. Vom 1220 gegründeten Benediktiner-, späteren Nonnenkloster und noch späteren Damenstift blieben mehrere spätbarocke und klassizistische Wohngebäude, der gotische Kreuzgang und vor allem die im Kern gotische, nach Plänen von Karl Friedrich Schinkel neugotisch überformte Klosterkirche, die als einzige Doppelturmkirche Mecklenburgs gerühmt wird. Die Diakonie unterhält hier ein Behindertenheim und ein kleines Klostercafé mit Sonnenterrasse zum romantischen Dobbertiner See.

Praktische Hinweise

Tel.-Vorwahl Goldberg: 03 87 36
Information: Fremdenverkehrsamt Goldberg, Lange Str. 66, Tel./Fax 4 04 42

Dobbertin – die einzige Doppelturmkirche in Mecklenburg

Hotel

Hotel Schloss Passow, Am Schloss 67, Passow am See, Tel. 03 87 31 / 36 50, Fax 3 65 19, Internet: www.schloss-passow.de. Klassizistisches Schlösschen, mit ebenso möblierten Zimmern und Suiten, direkt am See.

41 Sternberg

›Wallfahrtsort‹ mit dramatischer Geschichte.

Im 1250 gegründeten Sternberg nahm der mecklenburgische Herzog Heinrich II., genannt der Löwe, 1310–29 Residenz. Ein dunkles Kapitel der Stadtgeschichte betrifft eine angebliche Hostienschändung im Jahr 1492, die 25 jüdischen Männern und Frauen das Leben kostete. Die Legende besagt, dass eine Jüdin beim Versuch, eine geweihte Hostie zu beseitigen, in einen Stein eingesunken sei. Dieser steinerne Fußbeweis ist seitdem in die Außenwand am Südportal der **Stadtkirche** eingemauert. Die damals tatsächlich einsetzende Sternberger Judenverfolgung zog ein 200-jähriges Siedlungsverbot für Juden in ganz Mecklenburg nach sich und machte die Stadt selbst zum viel besuchten ›Wallfahrtsort‹.

Themawechsel: Den berühmten ›Sternberger Kuchen‹, ein 30 Mio. Jahre altes fossiles Steingemisch aus Korallen, Muscheln, Schneckenhäusern und Holz, kann man im **Heimatmuseum** (Mühlenstr. 6, Mai–Sept. Di–Fr 10–12, 13–16, So 15–17 Uhr) bewundern. Ansprechend ist ein Spaziergang durch die schachbrettartig angelegte Sternberger **Altstadt** mit Resten der alten Wallmauer, dem gotischen Mühlentor und ihren vielen hübschen *Fachwerkhäusern*, wobei das typi-

Durchs gotische Mühlentor hinein in die Sternberger Altstadt

Typisch für Sternberger Fachwerkbauten ist das rautengeschmückte ›Sternberger Band‹

sche Sternberger Band – ein mit Rauten bemaltes Zierbrett zwischen Erdgeschoss und erstem Stock – eine besondere Dekoration darstellt. Am Marktplatz steht das neugotische *Rathaus*, in dem bis 1918 im Wechsel mit Malchin der Mecklenburger Landtag amtierte.

Ausflug

Einen Besuch lohnt das bekannte archäologische **Freilichtmuseum Altslawischer Tempelort Groß Raden** (April–Okt. tgl. 10–17.30, Nov.–März tgl. 10–16.30 Uhr, Tel. 0 38 47 / 22 52), 5 km nördlich. Auf der Halbinsel im Groß Radener See wurde 1973–80 ein slawischer Siedlungskomplex aus dem 9./10. Jh. ausgegraben und anschließend rekonstruiert, darunter ein Tempel, mehrere Flechtwerkhäuser und eine Rundburg. Das angegliederte Museum thematisiert die Gesellschafts-, Wirtschafts- und Kulturformen der westslawischen Stämme.

Praktische Hinweise

Tel.-Vorwahl Sternberg: 0 38 47
Information: Fremdenverkehrsamt Sternberg, Luckower Str. 3, Tel./Fax 45 10 12, Internet: www.sternberg.m-vp.de

Baden

Strandbäder finden sich am Luckower See und Großen Sternberger See, beide ortsnah.

Hotel

Seehotel Sternberg am See, Johannes-Dörwald-Allee 1, Tel. 35 00, Fax 35 01 66. Komfortables Hotel Relais du Silence, nahe dem Sternberger See, ausgezeichnetes Restaurant.

Obotriten unter uns – hin und wieder bevölkert sich der rekonstruierte Siedlungskomplex im Freilichtmuseum Altslawischer Tempelort Groß Raden

Von Schwerin ins Elbetal – Märchenschlösser, Dorfidyllen

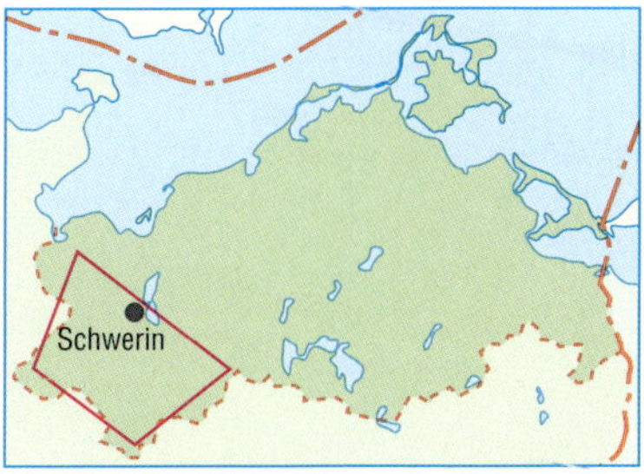

Die Hauptstadt des Landes Mecklenburg-Vorpommern zeichnet sich durch eine großartige historische Bausubstanz und aufgrund ihrer Lage zwischen sieben Seen durch eine ganz besondere ›Wasser-Stimmung‹ aus – **Schwerin** ist elegant und anheimelnd zugleich. In der überschaubaren Innenstadt hat sich in den letzten Jahren viel getan, meistens zum Wohle des äußeren Erscheinungsbildes. Schwerin besitzt einen Charme, der auf den ersten Blick betört. Es lohnt sich, etwas Zeit einzuplanen, um in die kulturellen Schönheiten dieser Stadt einzutauchen – am besten lernt man sie zu Fuß kennen.

Aber nicht nur Schwerin selbst, auch die Umgebung hat eine Vielzahl an Sehenswürdigkeiten zu bieten. Ob man einen Ausflug rund um den Schweriner See macht, einen Tag ins Westmecklenburgische zum reetgedeckten Denkmalhof **Rauchhaus Möllin** fährt oder in der Barockstadt **Ludwigslust** die feudale Residenz der Herzöge von Mecklenburg besucht und von da aus zu einem Spaziergang in die **Griese Gegend** an der Elbe aufbricht – der Landstrich zwischen Westmecklenburg und dem Elbetal hat ein ganz eigenes, ansprechendes Profil.

42 Schwerin

Plan Seite 112

Die kleinste aller deutschen Landeshauptstädte (99 980 Einwohner) ist zugleich die älteste Stadt Mecklenburg-Vorpommerns – eine charmante Kleinmetropole mit reicher Tradition und großer kultureller Zukunft.

›Die Stadt der sieben Seen‹, wie Schwerin wegen seiner schönen Lage am Wasser immer wieder genannt wird, ist ideal für alle, die sich von Natur und Kultur gleichermaßen angezogen fühlen. Abwechslungsreich präsentiert sich das Stadtbild: Hier liegt der Lankower See mit seinen vielen Buchten, dort ragt die Schlossinsel in den Burgsee, und wer die Brücke am Spieltordamm überquert, dem öffnet sich plötzlich der weite Blick über Ziegelsee und Pfaffenteich. Außerdem gibt es da noch den Ostorfer See, den Faulen See und den Schweriner See. Das Grün der Schweriner Wälder scheint sich bis hinein in die **Altstadt** mit ihren repräsentativen Stuckfassaden der stattlichen Häuser zu ziehen.

Seit über 80 Jahren lebt Schwerin mit dem Erbe seiner jahrhundertelangen Geschichte als herzogliche **Residenzstadt**, denn bis auf zwei kurze Unterbrechungen, als Wallenstein den Hof 1629–31 nach Güstrow und die Herzöge ihn 1756–1837 nach Ludwigslust verlegten, wurde das Land von 1358 bis 1918 von Schwerin aus regiert. Dennoch – wer einen Gang vom Markt zum Alten Garten vor der Schlossinsel macht, kann auch heute noch einen Hauch vom einstigen Ruf der provinziellen und sozial rückständigen Idylle im zur Schau getragenen Mäntelchen einer Residenzstadt empfinden.

Geschichte 1160 zerstörte Heinrich der Löwe die slawische *Burg Zuarin* (Tierparadies) auf der Schlossinsel und gründete eine Stadt, in der er, neben Lübeck und Ratzeburg, das dritte Bistum im norddeutschen Raum installierte. Er setzte den getauften Pribislaw, Sohn des besiegten Slawenfürsten Niklot, als Vasall über das einst von seinem Vater regierte Gebiet ein. Pribislaw wurde dadurch zum *Stammvater* des mecklenburgischen Herrscherhauses, dessen Abkömmlinge zunächst als Grafen von Schwerin, ab 1348 als Herzöge und 1915 – 18 als Großherzöge regierten.

Schwerin – Pfaffenteich und Ziegelsee liegen im Norden der städtischen Seenlandschaft

Schwerin brannte sechs Mal nieder, das schlimmste Feuer vernichtete 1651 fast die gesamte Altstadt. Wirtschaftlich konnte die Residenzstadt nicht mit Küstenstädten wie Rostock oder Wismar konkurrieren, aus merkantilen Gründen hatte man auch 1705 im Norden der Stadt eine ›Neustadt auf der Schelfe‹ gegründet, die später Schwerin angegliedert wurde. Im Zuge der Rückverlegung der Residenz aus Ludwigslust (1837) entstanden ehrgeizige Repräsentationsbauten, die das Stadtbild nachhaltig prägten. Im Zweiten Weltkrieg blieb die Stadt weitgehend verschont. Durch Landtagsbeschluss wurde Schwerin schließlich 1990 **Hauptstadt** von Mecklenburg-Vorpommern, sehr zum Ärger der größeren, aber weniger ›residenzerfahrenen‹ Stadt Rostock. Mittlerweile haben etliche Landesbehörden und kommunale Einrichtungen ihren Sitz in den repräsentativen Gebäuden des 19. Jh. bezogen. Wie in anderen ostdeutschen Städten wird auch in Schwerin an allen Ecken und Enden restauriert und gebaut. Auch das Schloss, bis vor kurzem noch von einer jahrzehntealten schwarz-braunen Patina überzogen, schimmert schon wieder in altem Glanz, wenngleich die Restaurierungsarbeiten noch nicht abgeschlossen sind.

Besichtigung Einen Rundgang durch Schwerin beginnt man am besten am **Pfaffenteich** 1, einem künstlich angestauten und von Promenaden und eindrucksvollen Bauten des 19. Jh. umkränzten See, der oft mit der Hamburger Binnenalster verglichen wird. Vom Gastronomiebetrieb auf der Uferterrasse aus lässt sich die schöne Kulisse mit den Wasserspielen und den zwischen Ost- und Westufer pendelnden Fährbooten ge-

nießen. Dabei hat man zur linken Seite, an der Südspitze, auch das kastellartige **Arsenal** ② im Blick, der breit gelagerte Bau in Tudorgotik diente als Zeughaus, Hauptwache, Gefängnis und Militärgericht und wird heute vom Innenministerium genutzt. Im Hintergrund spitzt das Vielgetürm der **Paulskirche** ③ nach oben – ein zierlicher neugotischer Backsteinbau des leitenden mecklenburgischen Kirchenbaurats Theodor Krüger (1869).

Den Bereich des Ostufers nimmt die **Schelfstadt** (Schelf = flache Insel) ein, ein 1705 planmäßig angelegtes barockes Viertel, das in seiner Geschlossenheit in Mecklenburg-Vorpommern einzigartig ist. Die hübschen Fachwerkhäuser sind mittlerweile größtenteils renoviert. Das Zentrum bildet der rechteckige **Schelfmarkt** mit der über dem Grundriss eines griechischen Kreuzes errichteten Schelfkirche **St. Nikolai** ④, einem der bedeutendsten barocken Sakralbauten in Mecklenburg (Jakob Reutz und Leonhard Christoph Sturm, 1708–13). Blickfang an der Südseite des Pfaffenteichs ist das spätklassizistische **Haus der Kücken-Stiftung** ⑤ (Friedrichstr. 2). Die Marmorbüste im Palmen-Vorgarten erinnert an den Schweriner Hofkomponisten Friedrich Wilhelm Kücken, der mit dem Volkslied ›Ach, wie ist's möglich dann‹ im 19. Jh. berühmt wurde.

Stadtbeherrschend – der Dom

Majestätisch überragt der mächtige gotische **Dom** ⑥ die Häuser der Altstadt. Mit seinen 117,5 m ist der erst 1892 angefügte *Turm* der höchste Kirchturm des Landes – atemraubend daher auch die Blicke über die Schweriner Seenlandschaft von der Aussichtsplattform aus. Die dreischiffige Backsteinbasilika mit gewaltigem Querhaus, Chorumgang und Kapellenkranz entstand 1270–1416 und bezog einen romanischen Vorgängerbau von

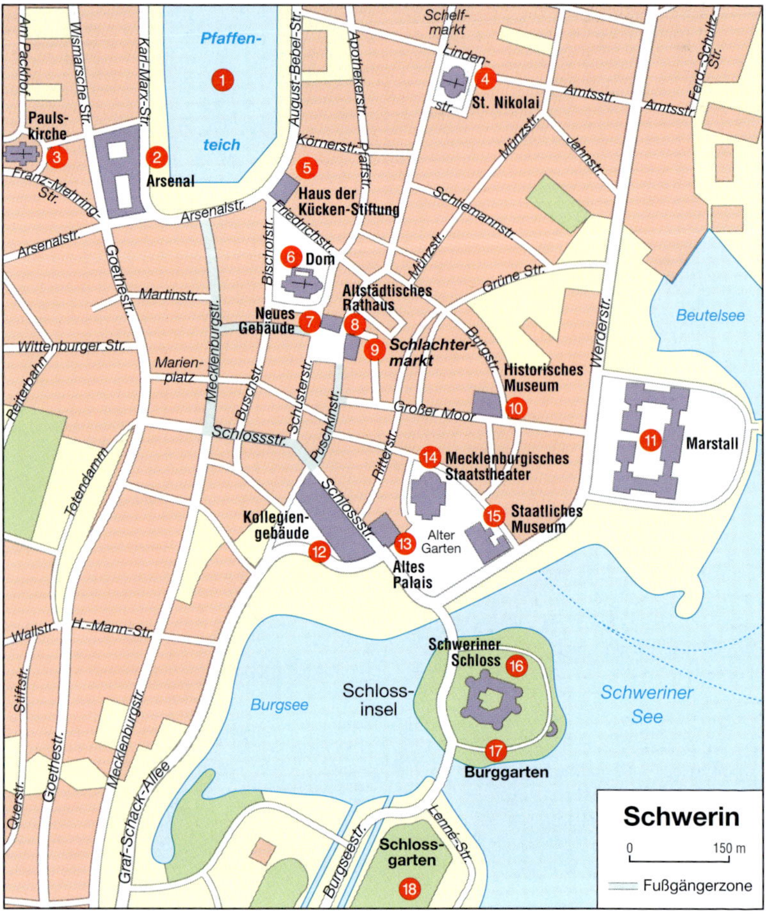

1228 mit ein (aus dieser Zeit stammt noch die *Paradiespforte* in der Südwand). Vertikale Linien prägen den Innenraum. Glanzstücke sind der spätgotische *Flügelaltar* (1495) mit einer steinernen Schreintafel der Kreuzigung (1440) – witzig: unten rechts hält sich unter dem Hintern eines Teufels ein Männchen die Nase zu –, das *Triumphkreuz* (1420), die *Orgel* (1871) von Friedrich Ladegast mit vier Manualen und 5197 Pfeifen, ferner hervorragende *Grabmäler* des 16. Jh.

Prachtbauten am Markt

Am nahen **Markt**, wo sich die Schwerin-Information befindet und Minibusse zu Stadtrundfahrten aufbrechen, herrscht immer Trubel. Einzigartig ist die Atmosphäre auf diesem beinahe rundum geschlossenen Platz mit seinen hübschen Bürgerhäusern und dem **Neuen Gebäude** 7 an der Nordseite. Dieses klassizistisch anmutende ›Säulengebäude‹ wurde 1785 von Johann Joachim Busch errichtet. Bis ins 20. Jh. hielten die Kaufleute und Bauern der Umgebung unter dem von 14 dorischen Säulen getragenen Dach ihre Markttage ab. Ein anziehender Aufenthaltsort zum Sehen und Gesehen werden ist die Innen- und Außengastronomie des sehr gepflegten Café Röntgen. Gleich ums Eck liegt das **Altstädtische Rathaus** 8 im Stil der englischen Tudorgotik. Auf repräsentative Weise, mit Rundbogen und Zinnenkranz, hatte Hofbaumeister Georg Adolph Demmler 1835 vier barocke Giebelhäuser ›verkleidet‹. Der goldene Reiter mit Lanze auf der mittleren Dachzinne stellt den Stadtgründer Heinrich den Löwen dar. Ein Torbogen führt durch das Rathaus zum versteckt gelegenen, intimen **Schlach-**

Am Markt stiehlt die Säulenfront des Neuen Gebäudes dem wuchtigen Rathaus die Show

termarkt 9. Dies mag der geeignete Aufenthaltsort für ein Päuschen sein, denn hier lädt ein Café zur Einkehr oder man kann Eis am Rand des Stierbrunnens schlecken und dabei das Treiben auf dem Schweriner Wochenmarkt (Di–Fr 9–17, Sa 8–13 Uhr) beobachten. Mittags, kurz nach 12 Uhr, spielt das Glockenspiel an der Rathausrückseite Mecklenburgs meistgesungenes Volkslied ›Von Herrn Pasturn sien Kauh‹. Die Strophen dieses Liedes stellte der Berliner Bildhauer Stephan Horotha 1980 auf dem runden Schmuckfries des Stierbrunnens dar. Am Schlachtermarkt 3 erinnert eine Gedenktafel an die Schweriner Synagoge, die hier bis zur Pogromnacht des 9. November 1938 stand.

Ins Regierungsviertel

Wer Freude an Zinnfigurendioramen hat und einiges über die Schweriner Stadtgeschichte erfahren will, dem sei ein Abstecher in das **Historische Museum** 10 (Di–So 10–18 Uhr) am Großen Moor 38 empfohlen. Am Ende der Straße liegt der vierflügelige, pavillongerahmte **Marstall** 11 von 1843, in dem die Ministerien für Kultus und Soziales logieren.

Über die Fußgängerzone in der Puschkinstraße erreicht man das **Kollegiengebäude** 12 an der Schlossstraße. Die stattliche klassizistische Dreiflügelanlage von Georg Adolph Demmler (1834) bezog die Staatskanzlei, in der der Ministerpräsident amtiert. Das gegenüberlie-

Schlachtermarkt – ein intimer Platz gleich hinter dem Schweriner Rathaus

Schwerin auf einen Blick – Schlossbrücke (rechts), Altes Palais und gotischer Dom

gende **Alte Palais** ⓭, ein Fachwerkbau von 1799, wurde für den Erbprinzen Friedrich Ludwig und seine 15-jährige Gemahlin, die russische Zarentochter Helena Paulowa Romanowa, errichtet.

Tempel der Musen

Nach Südosten öffnet sich hier zur Schlossinsel hin der **Alte Garten**, der wegen seiner repräsentativen Randgebäude auch als ›Platz der guten Hoffnung‹ bezeichnet wird. Er war im Barock wirklich einmal ein Garten, der eben ›alt‹ wurde, als im 18. Jh. gegenüber der modernere Schlossgarten entstand. Eine Platzdominante ist das innen wie außen in üppiger Pracht strotzende **Mecklenburgische Staatstheater** ⓮ (Kartenbestellung, Tel. 5300123), das Georg Daniel 1886 in schweren neubarocken Formen errichtete. Der Ruf des Theaters – mit Schauspiel-, Opern- und Ballettaufführungen, dazu Konzerten und vor allem der viel beachteten Niederdeutschen Bühne Fritz Reuter – reicht längst über Mecklenburgs Grenzen hinaus. Nebenan führt eine Freitreppe hinauf zum Säulenportikus von Schwerins ›Tempel der Künste‹ – in das **Staatliche Museum** ⓯ (Mitte Okt.–Mitte April Di 10–20, Mi–So 10–17, Mitte April–Mitte Okt. Di 10–20, Mi–So 10–18 Uhr, Internet: www.museum-schwerin.de). Den Grundstock des hiesigen Bestandes bildete die Privatsammlung des mecklenburgischen Fürstenhauses, der Neuerwerbungen von Weltrang hinzugefügt werden konnten. Vorrangig sind hier Werke der niederländischen und flämischen Malerei und Grafik des 17. Jh. zu bewundern – bäuerliche Alltagsszenen, großartige Landschafts- und Seestiche, Stillleben. Die hochkarätigen Namen: Rembrandt, Ru-

TOP TIPP

◁ *Staatliches Museum Schwerin: ›Lachender Knabe mit Weinglas‹ von Frans Hals, um 1626*

bens, Frans Hals, Jan Davidsz de Heem und viele andere, darunter auch der Franzose Jean Baptiste Oudry (18. Jh.). Weitere Faszinosa sind eine bedeutende Impressionisten-Sammlung, mittelalterliche Gemälde des Landes und Meissener Porzellan.

Vieltürmiges Märchenschloss

Ein wahrlich fantastisches Panorama mit den Ausflugsdampfern der Weißen Flotte, den vielen Segel- und Ruderbötchen auf dem Schweriner See bietet das TOP TIPP **Schweriner Schloss** 16 auf seiner Insel (Sommer Di–So 10–18 Uhr, Winter Di–So 10–17 Uhr). Das Schweriner Wahrzeichen, das wegen seiner unregelmäßigen Gebäudeflügel, den vielen Dachformen, Giebeln und Türmchen oft mit dem bayerischen Märchenschloss Neuschwanstein verglichen wird, gilt als ein Hauptwerk des deutschen Historismus. Gelegentlich fahren auf Hochglanz polierte Staatskarossen vor, denn seit 1990 tagt hier der mecklenburg-vorpommersche Landtag. Im Rundbogen über der Tordurchfahrt zum Innenhof prangt das Reiterstandbild des Slawenfürsten Niklot, dessen Burg einst auf der Schlossinsel stand. Sein heutiges Aussehen erhielt das Schloss 1843–57 nach Plänen von Georg Adolph Demmler unter Mitwirkung von Friedrich August Stüler und Gottfried Semper. Demmler ließ sich dabei durchaus vom französischen Loire-Schloss Chambord inspirieren.

Musik-, Sprach- und Tanzkultur im Mecklenburgischen Staatstheater

Der Hofbaumeister von Schwerin

Als Großherzog Friedrich Franz I. in den 20er-Jahren des 19. Jh. daran ging, Schwerin zu einer würdigen Residenzstadt auszubauen, engagierte er den 21-jährigen **Georg Adolph Demmler** *(1804–1886), einen vielversprechenden Schüler von Karl Friedrich Schinkel an der Berliner Bauakademie. Schwerin verdankt Demmler zahlreiche historische Bauten, wie zum Beispiel das* **Kollegiengebäude** *(1834), die* **Rathausfassade** *(1835), den* **Marstall** *(1842), das* **Arsenal** *(1844) und einige Privatvillen. Sie alle bestimmen noch heute das Bild der Altstadt.*

Als Demmlers Hauptwerk gilt das **Schweriner Schloss**, *dessen Ausführung er jedoch nur bis 1851 wahrnehmen konnte, denn als Freimaurer und unbeugsamer Liberaler fiel er 1848/49 wegen »revolutionärer Umtriebe« bei Hofe in Ungnade und wurde entlassen. Schon vorher hatte sich Demmler viele Hofbeamte zu Feinden gemacht, denn unter Umgehung der strengen Hofhierarchie pflegte er gelegentlich mit seinem Landesherrn direkt zu verhandeln. Das Konterfei dieses selbstbewussten Mannes, schöpferischen Architekten und engagierten Sozialreformers zeigt ein Porträtmedaillon an der Fassade seines* **Wohnhauses** *(Mecklenburger Str./ Ecke Arsenalstr.).*

Attraktion Schweriner Schloss – Chambord an der Loire stand Pate

Ein Besuch im **Schlossmuseum** führt durch die stilvoll möblierten und von Stüler prunkvoll ausgestatteten Arbeits-, Gesellschafts- und Privatgemächer des Großherzogs und der Großherzogin, die bis zur Abdankung 1918 bewohnt waren. Absoluter Höhepunkt ist der prachtvolle *Thronsaal* mit allerfeinstem Intarsienfußboden, vergoldetem Stuckdekor, Carrara-Marmor und dem baldachinbekrönten Thronsessel. In den einstigen Kinderzimmern befindet sich eine Porzellanausstellung. Nur nach telefonischer Voranmeldung im Museum ist die protestantische **Schlosskapelle** (Gottesdienst So 10 Uhr) des Vorgängerbaus von 1563 mit ihrem schönen spätgotischen Sterngewölbe zu besichtigen.

Ein kleines Paradies ist der **Burggarten** 17 rund ums Schloss, bestückt mit einer *Felsengrotte*, einer *Orangerie* und vielen seltenen Pflanzen und Bäumen. Über eine alte Drehbrücke geht es in den barocken **Schlossgarten** 18, den der Franzose Jean Laurent Legeay 1748–56 mit zentraler Achse, doppeltem Kreuzkanal und Kaskaden anlegte und der im 19. Jh. im Stil des englischen Landschaftsgartens von Peter Joseph Lenné erweitert wurde. Besonderes Augenmerk verdienen die *14 Skulpturenkopien* aus der Dresdener Zwinger-Werkstatt Balthasar Permosers. Im hinteren Gartenteil, am Ufer des Faulen Sees, zeigt eine kleine Ausstellung in der *Schleifmühle* (Di–So 10–17 Uhr), wie hier ab 1747 Granit und

Marmor zersägt und poliert wurde, den man beim Schlossbau für Treppen, Fensterbänke und Tischplatten benötigte.

Ausflüge

Am Sandstrand von *Zippendorf*, am Südzipfel des Schweriner Sees, tummeln sich im Sommer die Badelustigen. Mit einer Fläche von rund 64 km² ist der **Schweriner See** nach der Müritz der zweitgrößte und mit einer Tiefe von 54 m auch einer der tiefsten Seen des Landes. Vom Schiffsanleger an der Uferpromenade kann man mit der Weißen Flotte einen Ausflug auf die naturgeschützte *Insel Kaninchenwerder* unternehmen (Café auf der Insel).

Vom Leben auf dem Lande kündet das sympathische Bauerndörfchen **Mueß** mit seinem sehenswerten *Freilichtmuseum* (Mai–Okt. Di–So 10–18 Uhr). Schon die Zufahrt über die holperige, kopfsteingepflasterte Allee zum Bauernhof ist eine Idylle. Neben einem niederdeutschen Hallenhaus samt Scheune (17. Jh.) sind hier mehr als 20 Objekte – Büdnerei, Hirten- und Kunstkaten, Backofen, Schmiede, Bauerngarten, Dorfschule, Spritzenhaus und Bienenschauer – zu besichtigen. Mobiliar und Alltagsgeräte des 17.–20. Jh. führen das knochenharte Leben der mecklenburgischen Dorfbewohner vor Augen.

Praktische Hinweise

Tel.-Vorwahl Schwerin: 03 85
Information: Schwerin-Information, Am Markt 14, Tel. 5 92 52 12, -13, -14, Fax 55 50 94, Internet: www.schwerin.de

Hotels

Arte, Dorfstr. 6, Ortsteil Krebsförden, Tel. 6 34 50, Fax 6 34 51 00. Zimmer im Provence-Stil möbliert, Restaurant, Bar, Gartenterrasse.

Crowne Plaza Schwerin, Bleicher Ufer 23, Tel. 5 75 50, Fax 5 75 57 77, Internet: www.crowne-plaza.m-vp.de. Haus mit den besten Konferenz- und Bankettmöglichkeiten in und um Schwerin.

Hospiz am Pfaffenteich, Gaußstr. 19, Tel. 56 56 06, Fax 56 96 13. Kleines Hotel garni im Zentrum, alle Zimmer mit Telefon und TV.

Hotel-Restaurant Alago, Schweriner Str. 9, Tel. 0 38 66/6 60, Fax 66 55, Internet: www.alago-hotel.de. Ruhige Lage am Cambser See, modernes Haus mit großem Garten, teilweise rollstuhlgerechte Zimmer, gute Küche.

Hotel-Restaurant Elefant, Goethestr. 39–41, Tel. 5 30 70, Fax 55 50 94. Zentral gelegenes, historisches Hotel mit traditionsreichem Restaurant der gehobenen Art.

Strand-Hotel, Am Strand 13, Tel. 20 83 80, Fax 2 00 22 02. Nettes Mittelklasse-Haus in einer modernisierten Gründerzeitvilla am Zippendorfer Strand.

Restaurants

Alt Schweriner Schankstuben, Schlachtermarkt 9, Tel. 59 25 30. Rustikale Weinstube und Grillrestaurant in der Altstadt mit Biergarten. Preiswerte und ordentliche Hausmannskost.

Das Kleine Mecklenburger Gasthaus, Puschkinstr. 37, Tel. 5 55 96 66. Traditionelle mecklenburgische Gerichte, uriges Ambiente in altem Fachwerkhaus, im Zentrum der Stadt gelegen.

Friedrich's, Friedrichstr. 2, Tel. 55 54 73. Café-Restaurant am Pfaffenteich im gehobenen Bistro-Stil, die schöne Gartenterrasse hat mediterranes Flair.

Restaurant Lukas, Großes Moor 5, Tel. 5 65 935. Regionale und internationale Fischspezialitäten der Saison.

Privatkonzert vor dem Schweriner Schloss

Auf Schiffstour – mit der ›Mecklenburg‹ über den Schweriner See

Schröters Restaurant, Körnerstr. 21, Tel. 5507698. Hier ist Erik Schröter, einer der sechs besten Köche Mecklenburgs der Maître; Reservierung empfohlen.

Weinhaus Uhle, Schusterstr. 13–15, Tel. 562956. Traditionshaus mit gediegener Atmosphäre. Umfangreiche Weinkarte, regionale Spezialitäten.

Zur Guten Quelle, im Fritz-Reuter-Haus, Schusterstr. 12, Tel. 565985. Rustikales Gasthaus in einem Fachwerkhäuschen der Altstadt, deftige Küche, Biergarten.

43 Gadebusch

Charmantes Backsteinstädtchen mit interessanten Bauwerken.

Am Schnittpunkt der Handelswege zwischen Schwerin–Lübeck und Wismar–Hamburg gelegen, erhielt Gadebusch bereits 1225 das Stadtrecht. In der entzückenden Altstadt, die lediglich aus einer Hauptstraße mit wenigen Nebenstraßen besteht, stößt man in jedem Fall auf das backsteinerne **Rathaus** mit seinem geschwungenen Giebel und den zwei offenen Lauben (1614). Malerisch lugt dahinter der gedrungene Turm der 1230 geweihten spätromanischen Pfarrkirche **St. Jakob und St. Dionysius** hervor, die als älteste Stadtkirche Mecklenburgs und zugleich als erste Hallenkirche im Elbe-Oder-Raum Bedeutung hat. Beachtenswert sind Details wie die Backsteinverzierungen am *Südportal*, oder im dreischiffigen Inneren die Tier- und Menschenköpfe der *Kapitelle*, die *Bronzetaufe* (1450) mit ausdrucksstarken Passionsszenen, die *Chorgestühlswangen* aus dem 15. Jh. und die reich geschnitzte *Kanzel* von 1607.

Dass Gadebusch einst auch Nebenresidenz war, davon zeugt auf dem Schlossberg das **Renaissanceschloss**, das sich der mecklenburgische Herzog Christoph 1570/71 anlässlich seiner Hochzeit mit einer dänischen Prinzessin von Christoph Haubitz bauen ließ. Die Fassade ist mit Friesen und Pilastern wunderschöner, meist noch originaler Terrakotten aus der Werkstatt des Lübecker Meisters Statius von Düren gegliedert. Im ehem. Wirtschaftstrakt nebenan stellt das **Heimatmuseum** (Di–So 14–16 Uhr) ur- und frühgeschichtliche Bodenfunde, Trachten und bäuerlich-bürgerliches Hausgerät vor. Übrigens besaß Gadebusch bis ins 17. Jh. hinein eine herzögliche Münzstätte, woran alljährlich das im Juli stattfindende *Münzfest* erinnert.

Außerdem sei noch ein Abstecher ins 3 km außerhalb gelegene Mini-Dorf **Möllin** empfohlen. Hier ist das TOP TIPP **Rauchhaus Möllin** (Di–So 11–22 Uhr, Tel. 038 86/71 11 96) trotz privater Bewirtschaftung als Zweigstelle des Gadebuscher Heimatmuseums für die Öffentlichkeit zugänglich. 1788 wur-

Alles Backstein – Rathaus und spätromanische Kirche in Gadebusch

de das reetgedeckte Hallenhaus erbaut, das heute herzhafte Wohlgerüche durchwabern, denn hier wird nach alter Tradition hausgeräuchert. Den leckeren Schinken oder die Mettwurst kann man als Souvenir mitnehmen oder gleich dort, im rustikalen Gasthaus, verzehren.

Ausflüge

Lohnendes Ausflugsziel von Gadebusch aus ist die ehem. romanische Benediktinerinnen-Klosterkirche **Rehna**, die im Inneren Reste qualitätvoller hochgotischer Wandmalerei aufweist.

Die älteste Dorfkirche Mecklenburgs steht auf dem Friedhof in **Vietlübbe** (12 km östlich). Der kleine kreuzförmige Bau aus dem frühen 13. Jh. entstand vermutlich unter direktem Einfluss der Ratzeburger Dombauhütte. Besonders schön ist die spätromanische Bauornamentik mit Zahnschnitt-, Rauten- und Rundbogenfriesen.

Praktische Hinweise

Tel.-Vorwahl Gadebusch: 03886
Information: Stadtinformation, Lübsche Str. 5, Tel. 2976, Fax 212121, Internet: www.gadebusch.de

Restaurant

Altes Backhaus, Lübsche Str. 8, Tel./Fax 3432. Gutbürgerliches kleines Hotel-Restaurant, schlicht und norddeutsch backsteinern, mit Biergarten.

44 Zarrentin und Naturpark Schaalsee

Landidyll am Südufer des Schaalsees.

Zarrentin am Schaalsee ist heute eine viel besuchte Kleinstadt mit 3100 Einwohnern, die sich aufgrund ihrer jahrzehntelangen abgeriegelten Lage im innerdeutschen Grenzgebiet einen besonderen Charakter bewahrt hat. Im Zentrum prägen einige Fachwerkhäuser aus dem 18. und 19. Jh. das Bild.

Nach 1250 hatte sich der Ort im Umfeld eines **Zisterzienserinnenklosters** entwickelt, von dem heute noch der *Ostflügel* mit den ehem. Klausurgebäuden und die *Klosterkirche* vorhanden sind. Die freigelegten Wandfresken im Chor zeigen biblische Szenen wie Kain und Abel und das Opfer Isaaks. Bemerkenswert ist die Kanzel, die 1699 in Lübeck erworben wurde, vor allem wegen ihrer feinen spätgotischen Reliefs. Im Obergeschoss des ursprünglichen Kreuzgangs waren einst die Schlafzellen der Nonnen untergebracht.

Eine ungeheuer lebendige Szenerie bietet sich am Uferweg unten am buchtenreichen **Schaalsee**, wo die Zarrentiner ihre Bootsstege haben, Wasserratten sich in die Fluten der Badeanstalt stürzen, das Möwenburg-Café ein dickes Eis bei bester Aussicht bietet und der Fischer frisch Gefangenes und Geräuchertes verkauft.

Zarrentiner Fischerhütten am Ufer des Schaalsees, dem tiefsten (71,5 m) und einsamsten Gewässer Norddeutschlands

Zarrentin liegt im südlichsten Zipfel des **Naturparks Schaalsee**, der sich am Ostufer des Sees hinauf bis Roggendorf und Carlow zieht. Das Gebiet war mehr als 40 Jahre lang an vielen Stellen wegen der innerdeutschen Grenze unzugänglich. Dadurch haben sich hier viele seltene Tier- und Pflanzenarten erhalten. Wunderbare Naturerlebnisse wird erfahren, wer das mit Rotbuchen bestandene und von ausgetorften Mooren durchzogene Land zu Fuß oder mit dem Fahrrad durchstreift, besonders im Frühling, wenn sich ganze Teppiche blühender Anemonen über die Wiesen breiten. Großvögel wie Kraniche, Weißstörche und Seeadler haben hier ihre ungestörten Reviere.

Das *Amt für das Biosphärenreservat Schaalsee* (Tel. 03 88 51/30 20, Internet: www.schaalsee.de) in Zarrentin, Wittenburger Chaussee 13, hält eine Karte mit Tipps für die schönsten Regionen zum Wandern, Radfahren und Baden bereit und bietet darüber hinaus für Gruppen Exkursionen unter Leitung der Naturwacht an.

45 Boizenburg

Liebenswertes und besonders hübsches ›Grenzstädtchen‹ mit viel Fachwerk zwischen Mecklenburg, Schleswig-Holstein und Niedersachsen.

An der Stelle, wo die Boize in die Elbe mündet, siedelten westfälische und niedersächsische Kolonisten ab 1170 im Schutz einer Wasserburg. Ein verheerender Brand fegte 1709 fast die gesamte Stadt hinweg. Das heutige Erscheinungsbild der hufeisenförmigen Altstadt ist das anschließende Wiederaufbauwerk des Schweriner Baumeisters Jakob Reutz. Ein Kleinod barocker Fachwerkarchitektur ist das **Rathaus** mitten am Markt mit seinem Laubengang und einem Laternentürmchen auf dem Mansarddach. Im barocken Bürgerhaus am Kirchplatz 13 zeigte bis Oktober 2003 das **Heimatmuseum** Interessantes zur Ur- und Frühgeschichte und Sonderausstellungen zur Stadtgeschichte. Ein neues Gebäude für das Museum ist anvisiert, der Zeitpunkt der Wiedereröffnung steht noch nicht fest.

Auf den von Linden gesäumten mittelalterlichen **Wallanlagen** kann man rund um die Stadt promenieren und trifft dabei hinter dem Heimatmuseum auf einen hübschen *Wallpavillon*, der 1906 für den Stadtrichter erbaut wurde. Vom großen Brand war auch die mittelalterliche **Stadtkirche** in Mitleidenschaft gezogen. Sie wurde barock wieder aufgebaut, erhielt allerdings 1860 eine neugotische Überformung. Erst 1998 eröffnete das **Erste Deutsche Fliesenmuseum** (Reichenstr. 4, Di–Fr 10–12 und 14–16, Sa/So 14–16 Uhr, Tel. 03 88 47/5 38 81), das bestechend schöne Wand-Keramik aus der Zeit von 1880–1930 zeigt.

46 Hagenow

Gemütliche Kleinstadt am Rand der Griesen Gegend.

Bei Hagenow beginnt die Griese Gegend (graue, karge Gegend), eine wenig fruchtbare **Sandbodenlandschaft** mit trockenen Kiefernwäldern und vertorften Mooren, die schon immer die ärmste Gegend Mecklenburg-Vorpommerns war. Weitere Eckpunkte dieser Landschaft im Dreieck zwischen den Flüssen Elbe, Sude und Elde sind Ludwigslust und Dömitz.

Bis ins 20. Jh. hinein war die mittelalterliche Siedlung Hagenow ein typisches Ackerbürger- und Handwerkerstädtchen mit zwei- bis dreigeschossigen Wohnhäusern, wie sie sich noch heute beschaulich entlang der Langen- und Hagenstraße reihen. Der schöne **Altstadtkern** steht unter Denkmalschutz. Das sog. Jesselsche Haus, ein repräsentatives Bürgerhaus in Fachwerk (1828/29), beherbergt heute ein **Heimatmuseum** (Lange Str. 79, Di–Fr 9–12, 14–17, So 14–17 Uhr) mit Gaststube. Hier kann man sich mit dem Hagenower Handwerk, vor allem in einer nachgebildeten Schuhmacherwerkstatt, vertraut machen.

Praktische Hinweise

Tel.-Vorwahl Hagenow: 038 83
Information: Hagenow-Information, Lange Str. 97, Tel./Fax 72 90 96, Internet: www.hagenow.de

47 Landgestüt Redefin

Traditionsreiche mecklenburgische Hengstzucht in reizvoller Parkanlage.

Südlich von Hagenow, inmitten weiter Wiesen und Koppeln, liegt das Landgestüt Redefin. Es ist neben den Gütern im brandenburgischen Neustadt/Dosse, im sächsischen Moritzburg und im mecklenburgischen Ganschow bei Güstrow das drittälteste der vier staatlichen DDR-

Boizenburg-Idyll – in den Wallanlagen des Städtchens steht ein barockisierender Pavillon

Landgestüt Redefin – Stallung mit Tradition und edlem Hengstnachwuchs

Gestüte (Stallungen Mo–Fr 8.30–12 und 14–16 Uhr, Tel. 03 88 54/ 62 00), die die Wende überlebt haben, und obendrein eines der schönsten in ganz Europa.

Seit der Gründung durch Herzog Friedrich Franz I. von Mecklenburg-Schwerin im Jahr 1812 werden hier überwiegend die berühmten **Mecklenburger** gezüchtet, die Pferde mit dem ›M‹ unter der Krone im Brandzeichen. Dabei wird mecklenburgisches Blut mit Arabern, englischem Vollblut und Trakehnern veredelt. Von großzügigen Ausmaßen ist die parkähnliche **Anlage** mit ihren symmetrisch angeordneten, eleganten weißen Gebäuden im Stil des Klassizismus, die der mecklenburgische Oberlandbaumeister Carl Heinrich Wünsch ab 1820 ent-

Ein Fest für Pferdenarren – die Redefiner Hengstparade im September

Naturpark Elbetal: Die Binnenland-Wanderdüne bei Klein Schmölen ist noch heute aktiv

warf. An vier Wochenenden im September können Zuschauer alljährlich auf der **Redefiner Hengstparade** (Karten, Tel. 03 88 54/6 20 13) die prächtigen Pferde bei Reit- und Dressurvorführungen, Quadrillen und Gespannfahrten bewundern.

48 Dömitz

Renaissanceanlage am rechten Elbe-Ufer – eine der besterhaltenen Flachlandfestungen Nordeuropas.

Wie in einem Körbchen ruht das vom Wasser umflossene Dömitz zwischen Elbe, Müritz-Elde-Wasserstraße und der Doven Elbe. Die von Bäumen gesäumte **Kleinstadt** mit ihren hübschen Fachwerkhäusern und der neugotischen Backsteinkirche wirkt sehr malerisch.

Das **Brückendenkmal** im Schnittpunkt der Bundesstraßen 191 und 195 – eines der bekanntesten Symbole der deutschen Teilung – erinnert an die Bombadierung der zwei Elbbrücken durch die alliierten Fliegerverbände am 20. April 1945. Fast 50 Jahre lang blieben alle Verbindungen gekappt, bis die Straßenbrücke 1992 wieder aufgebaut wurde.

Hauptattraktion ist die in unmittelbarer Nähe gelegene **Festung**. Die 1237 erstmals erwähnte Anlage diente den Grafen von Dannenberg als Einnahmequelle von Schiffszöllen, die beim Passieren der Wasserstraßen fällig wurden. Um sein Herzogtum nach Süden zu sichern, beauftragte Johann Albrecht I. von Mecklenburg 1559 den Oberitaliener Francesco Andrea Bornau mit dem Umbau zu einer mächtigen Backsteinfestung mit Wassergraben, Bastionen und Kasematten. Durch ein prachtvolles Renaissancetor mit Rustikaverblendung (1565) gelangt man in den idyllischen Innenhof. Hier liegt das *Kommandantenhaus,* wo im Museum (Di–Fr 9–17, Sa/So/Fei 10–

Dömitz – das prächtige Festungstor von 1565

Mecklenburgs ›Klein-Versailles‹ – Schloss Ludwigslust war 1756–1837 Residenz der Herzöge von Mecklenburg-Schwerin. Johann Joachim Busch lieferte die Baupläne

18 Uhr) alles über die Elbschifffahrt und die Festungsgeschichte zu erfahren ist. Ein dunkles Kapitel ist die Nutzung als Gefängnis während des 18. und 19. Jh. Prominentester Zuchthäusler war Fritz Reuter [s. S. 89], der hier 1839–40 wegen Beteiligung an studentischen Umtrieben einsitzen musste. 1862 hat er diese Zeit in ›Ut mine Festungstid‹ humoristisch verarbeitet. In der früheren Festungskapelle hat das Museum die *Fritz-Reuter-Gedenkhalle* eingerichtet. Fröhlich-bunt ist die Sammlung der sog. Reuterscheine, Notgeld, das in den 20er-Jahren des 20. Jh. mit flotten Sprüchen aus Reuters Werken bedruckt wurde.

4 km südöstlich, parallel zur Elbe, zieht sich der wegen seiner bis zu 32 m hohen Binnenland-Wanderdünen sehenswerte **Naturpark Mecklenburgisches Elbetal**. Wanderungen durch das Landschaftsparadies, in dem auch Schwarzstorchpaare nisten, veranstaltet der Naturschutzbund Deutschland mit Sitz auf der Festung.

TOP TIPP

Praktische Hinweise

Information: Dömitz-Information, Rathausplatz 1, Tel. 03 87 58/221 12, Fax 3 58 15, Internet: www.doemitz.de

49 Ludwigslust

›Lulu‹ – die andere Residenz der Mecklenburg-Schweriner Herzöge.

Seinen Namen verdankt Ludwigslust dem kunstsinnigen Herzog Christian Ludwig II. (1683–1756), der sich 1731 im Dorf Klenow ein Jagdschloss baute. Sein gebildeter und pietistisch geprägter Sohn Friedrich ›der Fromme‹ (1717–1785) bestimmte dieses 1756 zum neuen Regierungssitz und ließ unter der Leitung von Johann Joachim Busch eine in sich geschlossene barocke Residenz nach Versailler Vorbild schaffen. Die klassizistische Bauperiode ab 1808 unter Johann Georg Barca endete 1837 mit der Rückverlegung der Residenz nach Schwerin.

Dem Besucher ›Lulus‹ fällt der schachbrettartige Grundriss dieser Stadt auf, die keinen Marktplatz, aber herrlich breite Straßen hat. Kein Wunder, denn der Ort wurde auf dem Reißbrett entworfen – eine städtebauliche Meisterleistung, deren einziger Bezugspunkt die Residenz bildet.

In der Achse des noch nicht vollendeten Schlosses entstand 1765–70 die **Schlosskirche** mit einer eindrucksvollen tempelartigen Portikus-Fassade und mächtigen toskanischen Säulen sowie dem kolossalen Altarbild ›Anbetung der Hirten‹ im Inneren.

TOP TIPP Auffällig am mit Sandstein verblendeten **Schloss Ludwigslust** (1772–76) sind der dominierende Mittelrisalit und das mit 40 allegorischen Statuen geschmückte Attikageschoss. Höhepunkt im *Schlossmuseum* (Di–So 10–18 Uhr): der in höfischem Glanz und aufwendiger Rokoko-Dekoration erstrahlende Goldene Saal, in dem auch klassische Konzerte stattfinden (Tel. 5 71 90), und der repräsentative Thronsaal.

Wichtige Bauteile und Dekorationselemente in Schloss und Kirche wie Säulen, Möbel, Prunkvasen, Büsten bestehen aus **Ludwigsluster Carton**. Dieses bemalte, witterungsbeständige Pappmaschee wurde ab Mitte des 18. Jh. in einer herzoglichen Manufaktur hergestellt und war im 19. Jh. ein Exportschlager.

Genuss verspricht auch ein Spaziergang durch den **Schlosspark**, mit 150 ha der größte seiner Art in Mecklenburg. Anmutige Wasserspiele, exotische Bäume, tanzende Nymphen, Brücken und Kanäle und viele kleine Bauten sind in der Anlage versammelt, die Peter Joseph Lenné 1852–60 umgestaltet hat.

In der Achse der Residenz liegen die steinernen Kaskaden und die Schlosskirche

Ausflüge

In **Wöbbelin** (9 km) befindet sich das Grab des 1813 in den Napoleonischen Freiheitskriegen gefallenen Dichters *Theodor Körner*. Daneben erinnert eine Mahn- und Gedenkstätte (Mi–So 10–16 Uhr) an die Opfer des ehem. Konzentrationslagers Wöbbelin.

Trügerischer Schein: Dekorationselemente aus Holz und Pappmaschee im Goldenen Saal

15 km nördlich, in einer Moor-, Wald- und Wiesenniederung der Lewitz, liegt das **Jagdschloss Friedrichsmoor** – eines der wenigen erhaltenen Schlösser in Fachwerkbauweise, das sich Herzog Friedrich von Mecklenburg-Schwerin 1780 nach Entwürfen von Johann Christoph Heinrich von Seydewitz errichten ließ. An den Wochenenden öffnet dort ein Café seine Türen, aber auch wochentags lohnt sich die Fahrt hinaus, denn die Landschaft eignet sich hervorragend für lange Spaziergänge.

Wöbbelin: Grabmal des Dichters und Freiheitskämpfers Theodor Körner

Einen Abstecher wert ist schließlich auch **Grabow** (7 km), die Heimatstadt der Vorfahren von Thomas Mann, über die im Heimatmuseum am Markt Näheres in Erfahrung zu bringen ist. In erster Linie entzücken die Fachwerkbauten am und um den Markt herum. Blickfang ist das Rathaus (1726) mit hohem Mansarddach und hübscher Freitreppe.

Praktische Hinweise

Tel.-Vorwahl Ludwigslust: 03874
Information: Ludwigslust-Information, Schlossstr. 36, Tel. 526251, Fax 526109, Internet: www.stadtludwigslust.de

Hotels

Hotel Erbprinz, Schweriner Str. 38, Tel. 25040, Fax 29160, Internet: www.hotel-erbprinz.m-vp.de. Elegantes Vier-Sterne-Hotel, entstanden aus einer alten Fleisch- und Wurstfabrik.

Landhotel de Weimar, Schlossstr. 15, Tel. 4180, Fax 418190, Internet: www.landhotel-de-weimar.de. Vornehme Zimmer in einem barocken Giebelhaus, wenige Schritte vom Schlosspark.

Mecklenburger Hof, Lindenstr. 40–44, Tel. 4100, Fax 410100. Das mit viel Liebe zum Detail geführte Hotel pflegt einen erstklassigen Service. Feine regionale Küche und internationale Spezialitäten im Restaurant.

◁ *Wunderschöne alte Fachwerkbauten rahmen den Marktplatz von Grabow*

50 Parchim

Liebenswerte Altstadt in hügeliger Landschaft.

Wem der Sinn nach Fachwerk steht, dem sei ein Besuch von Parchim empfohlen. Die Kreisstadt am Wockersee hat besonders reizvolle **Fachwerkhäuser** aus dem 16. und 17. Jh. mit prachtvollen Giebelseiten, besonders in der Lindenstraße 3 und der Langen Straße 24.

Aus Parchim stammt der preußische Generalfeldmarschall **Helmuth Graf von Moltke** (1800–1891), dessen Lebensmaxime ›Mehr sein als scheinen‹ heute noch ein Schlagwort ist. In seinem Geburtshaus (Lange Str. 28, Di–Fr 10–12 und 14–16, So 14–16 Uhr) ist eine Gedenkstätte eingerichtet. Fritz Reuter besuchte hier das Gymnasium in der Blutstraße 3/4 und der Schriftsteller Johannes Gillhoff, der mit seinem Buch ›Jürnjakob Swehn, der Amerika-Fahrer‹ bekannt wurde, unterrichtete 1892–1903 an der Parchimer Oberschule. Das **Museum** (Lindenstr. 38, Di–Fr 10–12 und 14–16, So 14–16 Uhr) hält Informationen über diese drei berühmten Parchimer bereit.

Gleich zwei eindrucksvolle Kirchen besitzt die Stadt. An der **Marienkirche** sind am Sockel des nördlichen Kirchenanbaus jüdische Grabsteine des 13./14. Jh. eingefügt, innen sind der spätgotische Schnitzaltar und die reich intarsierte Orgelempore sehenswert. Der harmonische Innenraum der 1289 begonnenen **Georgenkirche** birgt den bemerkenswerten Flügelaltar des Henning Leptzow aus Wismar (1421). Nahebei steht das mit Staffelgiebeln bestückte gotische **Rathaus**, das 1819 von Johann Georg Barca gotisierend umgebaut wurde. Der Backsteinbau war im Jahr zuvor als Amtssitz des Oberappellationsgerichts – des höchsten Gerichtshofes der mecklenburgischen Großherzogtümer – bestimmt worden.

Praktische Hinweise

Information: Stadtinformation Parchim, Lindenstr. 38, Tel./Fax 03871/212843, Internet: www.parchim.de

Parchim: gotisierendes Hauptportal am Rathaus

Rapshonig
DEUTSCHER HONIG
Imkerei
Ernst Gallas

SEEBRÜCKE
AHLBECK
Ganzjährig geöffnet
Durchgehend warme Küche

Mecklenburg-Vorpommern aktuell A bis Z

Vor Reiseantritt

ADAC Info-Service:
Tel. 0 18 05/10 11 12, Fax 30 29 28 (0,12 €/Min.)

ADAC Sommerservice (Juni – Aug.): Tel. 0 18 05 /23 22 21 (0,12 €/Min.), Faxabruf 0190 67 07 00 40 01 (0,42 €/Min)

ADAC im Internet:
www.adac.de,
www.adac.de/reisefuehrer

Mecklenburg-Vorpommern im Internet:
www.mecklenburg-vorpommern.de,
www.mvweb.de

Allgemeine Informationen erteilt der **Tourismusverband Mecklenburg-Vorpommern e. V.**, Platz der Freundschaft 1, 18059 Rostock, Tel. 03 81/4 03 05 00, Fax 4 03 05 55, Internet: www.auf-nach-mv.de

Detaillierte Auskünfte bieten folgende **Regionalverbände:**

Verband Mecklenburgischer Ostseebäder e. V., Uferstr. 2, 18211 Ostseebad Nienhagen, Tel. 03 82 03/77 61-0, Fax 77 61 20, Internet: www.mecklenburgische-ostseebaeder.m-vp.de

Regionaler Fremdenverkehrsverband Vorpommern e. V., Fischstr. 11, 17489 Greifswald, Tel. 0 38 34/89 10, Fax 89 15 55, Internet: www.vorpommern.de

Tourismusverband Mecklenburgische Schweiz e. V., Am Bahnhof, Postfach 1123, 17131 Malchin, Tel. 0 39 94/29 97 80, Fax 29 97 88, Internet: www.mecklenburgische-schweiz.com

Regionaler Fremdenverkehrsverband Mecklenburgische Seenplatte e.V., Turnplatz 2, 17207 Röbel/Müritz, Tel. 03 99 31/5 22 25, Fax 5 13 86, Internet: www.mecklenburgische-seenplatte.de

Tourismusverband Mecklenburg-Schwerin e.V., Alexandrinenplatz 7, 19288 Ludwigslust, Tel. 0 38 74/ 66 69 22, Fax 66 69 20, Internet: www.mecklenburg-schwerin.de

Allgemeine Informationen

Tourismusämter

Fremdenverkehrsämter oder Kurverwaltungen der einzelnen Orte sind unter den jeweiligen **Praktischen Hinweisen** zu finden oder beim Tourismusverband Mecklenburg-Vorpommern [s. o.] zu erfragen.

Notrufnummern und Adressen

Polizei: Tel. 1 10
Feuerwehr: Tel. 1 12
Notarzt: Tel. 1 15

◁ **Oben:** *Hafentage in Warnemünde*
Mitte: *Essgenuss – selbst erzeugt auf dem Lande (links) oder gediegen auf der Seebrücke von Ahlbeck auf Usedom (rechts)*
Unten: *Sportlich, sportlich – mit dem Fahrrad rund um die Insel Hiddensee*

ADAC-Pannenhilfe: Tel. 0 18 02/ 22 22 22 (vom Mobiltelefon ohne Vorw.)

Österreichischer Automobil Motorrad und Touring Club
ÖAMTC Schutzbrief-Nothilfe:
Tel. 00 43/(0)1/2 51 20 00

Touring Club Schweiz
TCS Zentrale Hilfsstelle:
Tel. 00 41/(0)2 24 17 22 20

ADAC-Rettungshubschrauber:
Tel. 1 10 oder 1 12

ADAC-Wasserstützpunkt:
Marina Wolfsbruch, Rheinsberg-Kleinzerlang (Mecklenburgische Seenplatte), Tel. 03 39 21/87, Fax 8 88 45

ADAC-Geschäftsstellen: Demminer Str. 10, 17034 Neubrandenburg; Trelleborger Str. 1, 18107 Rostock; Lübecker Str. 18, 19053 Schwerin; Frankenstr. 1, 18439 Stralsund

Grenzübergänge nach Polen

Mecklenburg-Vorpommern hat drei Grenzübergänge nach Polen: Swinemünde (Świnoujście), Linken und Pomellen (Kolbaskowo). Bundesbürger müssen beim Grenzübertritt einen Reisepass vorweisen. Am schnellsten geht es meist am Fußgängerübergang Swinemünde. **Auskünfte** erteilt die Konsularabteilung der Botschaft der Republik Polen, Richard-Strauss-Str. 11, 14193 Berlin, Tel. 030/223130, Fax 22313212, Internet: www.botschaft-polen.de.

Anreise

Auto

Umfangreiches **Informations- und Kartenmaterial** können Mitglieder des ADAC kostenlos bei den ADAC-Geschäftsstellen oder unter der Tel. 01805/101112 (0,12 €/Min) anfordern. Außerdem sind im ADAC-Verlag die LänderKarte *Mecklenburg-Vorpommern* (1:300000) sowie die RegionalKarten *Mecklenburgische Seenplatte* und *Ostseeküste von Mecklenburg und Vorpommern* (beide 1:150000) erschienen.

Von Süden führt die Autobahn A19 (Malchow, Plau, Güstrow, Rostock) ins Land, aus Westen die aus Hamburg kommende A24 in das Gebiet um Hagenow, Schwerin, Ludwigslust und Parchim. Der Bau der Ostseeautobahn A20 ist weit fortgeschritten, der Streckenabschnitt von Schönberg über Rostock nach Langsdorf/Tribsees ist ab Dez. 2003 durchgängig befahrbar. Daneben ist ein weitmaschiges Bundesstraßen-Netz vorhanden.

Wichtige **West-Ost-Verbindungen**: Lübeck – Rostock – Demmin – Anklam (B105/110); Lübeck – Schwerin – Güstrow – Malchin – Neubrandenburg – Anklam (B104/197)

Wichtige **Nord-Süd-Verbindungen**: Wismar – Ludwigslust (B106); Rostock – Plau (B103); Stralsund – Reuterstadt-Stavenhagen (B194); Rügen – Stralsund – Greifswald – Anklam – Pasewalk (B96/109)

Bahn

Der **Intercity** hält in Schwerin, Neubrandenburg, Stralsund, Ribnitz-Damgarten-West, Rostock und Bergen/Rügen. Bahnhöfe mit **Interregio-** bzw. **D-Zug-Anschluss** sind Anklam, Bad Kleinen, Barth, Büchen, Bützow, Demmin, Greifswald, Güstrow, Hagenow, Ludwigslust, Malchow, Neustrelitz, Pasewalk, Plau, Reuterstadt-Stavenhagen, Teterow, Waren, Wismar und Züssow.

Fahrplanauskunft:

Deutschland
Deutsche Bahn, Tel. 11861 (gebührenpflichtig), Tel. 0800/1507090 (sprachgesteuert), Internet: www.bahn.de

Österreich
Österreichische Bundesbahn, Tel. 051717, Internet: www.oebb.at

Schweiz
Schweizerische Bundesbahnen, Tel. 0900300300, Internet: www.sbb.ch

Sommer/Herbst fahren **Autoreisezüge** nach Rostock oder Sassnitz/Rügen, Abfahrten von Dortmund, Stuttgart/Kornwestheim und Frankfurt/Neu Isenburg.

Auskunft: **Deutsche Bahn AutoZug**, Tel. 01805/241224 (0,12 €/Min.), Internet: www.autozug.de.

Boot

Mit dem Boot nach Mecklenburg-Vorpommern zu schippern ist ein tolles Erlebnis. Aus Lübeck, Berlin oder Dresden kann man über ein verzweigtes Netz von Kanälen und Seen bis an die Ostsee reisen. Adressen der Charter-Marinas erhält man vor Ort über die Touristenbüros.

Flugzeug

Mecklenburg-Vorpommern wird per Linienmaschine entweder über die Flughäfen von Berlin, Hamburg, Rostock-Laage (Tel. 038454/3130), Parchim (Tel. 03871/6070), Rechlin-Lärz/Müritz (Tel. 039833/22281) oder Neubrandenburg-Trollenhagen (Tel. 0395/45540) angeflogen.

Bank und Post

Bank

Öffnungszeiten von Banken und Sparkassen im Allgemeinen Mo und Mi 8.30–13, 14–16, Di und Do 8.30–13, 14–18, Fr 8.30–13 Uhr.

Post

Öffnungszeiten der Postämter in größeren Städten in der Regel Mo–Fr 8–18, Sa 8–13 Uhr; in kleineren Orten und Dörfern Mo–Fr 8–12, 14–16, Sa 8–12 Uhr.

Einkaufen

Öffnungszeiten

Die offiziellen Ladenöffnungszeiten sind Mo–Sa 6–20 Uhr. Die meisten Geschäfte sind Mo–Fr 9–18/18.30 Uhr, Sa bis 16/18 Uhr geöffnet. Die *Bädergemeinden* der Ostseeküste dürfen dank der sog. Bäderregelung ihre Geschäfte vom 1. Febr.–30. Nov. zusätzlich So/Fei 12–18.30 Uhr offen halten. Dasselbe gilt für die Geschäfte der Tourismus-Zentren der Seenplatte.

Lebensmittel

Hinsichtlich selbst erzeugter Natur- und Landwirtschaftsprodukte ist Mecklenburg-Vorpommern ein preiswertes Einkaufsland. Was liegt näher, als sich kulinarische Leckereien, die nicht selten aus mecklenburgischen Privatgärten stammen, mitzunehmen. An der Küste und im Gebiet der Seenplatte sind **Rostocker Kümmel**, klare **Schnäpse** und vor allem frischer und geräucherter **Fisch** sehr beliebte Urlaubs-Mitbringsel. Bei einer Fahrt über die Dörfer wird man per Hinweisschild überall eingeladen, frische Landeier, selbst geimkerten Honig oder Kartoffeln mitzunehmen, und je nach Jahreszeit werden häufig am Straßenrand auf selbst gezimmerten Tischchen pralle Süßkirschen, zarter Spargel und andere Köstlichkeiten angeboten.

Kunsthandwerk

In Mecklenburg-Vorpommern leben viele Künstler, die oft sehr stimmungsvolle **Ateliers** in ausgedienten Mühlen, alten Scheunen oder Bauernhöfen bewohnen, und dort ihre Werke anbieten.

Mit Ausnahme von Rügen, wo die typische Rügenkeramik angeboten wird, hat Mecklenburg-Vorpommern keinen landeseigenen Keramik-Fertigungsstil hervorgebracht. Wer gern etwas Gebranntes und Bemaltes mit nach Hause nehmen möchte, findet jeweils im Juni eine gute Auswahl auf dem **Großen Töpfermarkt** in Schwerin oder auf dem **Kunsthandwerker- und Töpfermarkt** im Ostseebad Prerow auf dem Darß.

Zentrum für die wieder belebte Technik des **Blaudrucks** (Mönchguter Blaudruckerwerkstatt in Gören/Rügen), die Verarbeitung von **Bernstein** zu allerlei Schmuck (Bernsteinmuseum in Ribnitz-Damgarten) und die Bastelei von **Buddelschiffen** ist die vorpommersche Ostseeküste.

Essen und Trinken

Die traditionelle Landesküche ist sehr schmackhaft, bodenständig und von hohem Nährwert – kurz, sie macht satt. In ihren Grundzügen wurde sie über Jahrhunderte von den Einflüssen der Menschen aus Ost- und Westpreußen, Pommern, Schweden und Dänemark inspiriert. So kam aus dem Osten das **Pommersche Gänseklein**, aus dem Norden die **Rote Grütze** mit Sahne, aus Westfalen und Niedersachsen das **Schwarzbrot** und der **klare Schnaps** zum Nachspülen.

Mecklenburg war nie ein reiches Land und so kam auf den Tisch, was man selbst anbauen und herstellen konnte. Meist beginnt das Mahl mit Sülze oder einem kräftigen Süppchen, gipfelt in einer Fisch- oder Fleischvariation mit Soße und endet mit einer einfachen Süßspeise.

Café im Usedomer Seebad Ahlbeck – türmchenbekrönt wie die berühmte Seebrücke

Typische Ingredienzen sind Kartoffeln, Fisch, Schweinebraten, Geflügel, Backobst und Gemüse der Saison, dazu gibt es idealerweise Buttermilch oder ein kühles Bier.

Getreu dem mecklenburgischen Sprichwort ›Wenn dei Fisch brad't is, helpt em dat Water nich mihr‹, steht der **Fisch** natürlich auf jeder Speisekarte an wichtigster Stelle. Am beliebtesten sind Aal, Maräne, Forelle, Barsch, Hecht und Zander, wer es etwas feiner hält, isst Krebse.

Kulinarische Feste

An einigen Orten wird einmal im Jahr den regionalen Spezialitäten gefrönt:

April/Mai

Usedom: *Heringsessen Hausfrauenart* und *Hornfischessen* mit grünen Gräten sind ein Frühjahrsrenner in sämtlichen Restaurants.

Juni

Neubrandenburg: *Katharinentafel*, Straßenfest mit langer Tafel, bei dem Köche aus der Region ihre Künste zeigen (Tourist-Information, Tel. 0395/19433).

Oktober

Rügen: *Kohlwochen*, Rügens Gastronomen sind im ›Kohlfieber‹ und laden zu Gerichten rund ums Feld- und Gartengemüse (Tourismusverband, Tel. 03838/80770).

Einige Spezialitäten

Appelgriebsch: Apfelschmalz aus ausgelassenem Gänsefett, gemischt mit Äpfeln, Thymian, Backobst, Gänseklein und -blut.

Grützwurst: Kleine Wurst im Darm aus Gerstengrütze, ausgelassenem Schweinefleisch, Zwiebelwürfeln und gewürztem Schweineblut.

Kliebensuppe: Frühstückssuppe aus handgemachten Eierteig-Nudeln in lauwarmer Milch, auch ›Klackerklieben‹ genannt.

Kloppschinken: Gekochter Schinken, in Milch eingelegt, paniert und gebraten.

Labskaus: Püree aus Pökelfleisch, Kartoffeln, Heringsfilet und Roten Beten.

Mecklenburger Sauerfleisch: Herzhafte Sülze aus gebrühtem Schweinebauch und Gemüseaspik, dazu Bratkartoffeln und Remouladensauce.

Swinsrippenbraden: Schweinerippenbraten, gefüllt mit Äpfeln und Pflaumen.

Tollatschen: Typisches Schlachtfestgericht mit dunklen, in Scheiben geschnittenen Klößen aus Mehl, Griebenschmalz, Schweineblut und Rosinen, angebraten mit Apfelscheiben.

Zweierlei Schwarzsauer: Schwarze Kraftbrühe aus Gänseblut, in dem Mandelklöße und Backobst schwimmen.

Feste und Feiern

Feiertage

1. Januar (Neujahr), März/April (Karfreitag, Ostermontag), 1. Mai (Tag der Arbeit), Mai/Juni (Christi Himmelfahrt, Pfingstmontag), 3. Oktober (Tag der Deutschen Einheit), 31. Oktober (Reformationstag), 25./26. Dezember (Weihnachten).

Feste

Vom Frühjahr bis in den späten Herbst finden zahlreiche Feste und Märkte statt. Während die Feiern auf dem Lande von den Gepflogenheiten der Einheimischen bestimmt sind, organisieren die größeren Städte wie Schwerin, Rostock, Neubrandenburg, Stralsund und Greifswald auch regelmäßige Kunstausstellungen, Musik- und Theaterfestivals, Tanz- und Kabarett-Vorführungen, Hafenfeste und besondere Märkte. Die Termine sind bei den Fremdenverkehrsämtern [s. Praktische Hinweise] oder den Einzel-Veranstaltern zu erfahren:

März

Rostock / Stralsund / Greifswald: *Ostermärkte.* Buntes Markttreiben bis Mitte April mit Schaustellern, Unterhaltung und Blumenmarkt.

April

Penzlin: *Walpurgisnacht.* Hexenzauber und -tänze, Schausteller, Tourist-Information, Tel. 03962/ 210064.

Schwerin: *Flottenparade.* Saisoneröffnung auf dem Schweriner See mit Musik und Gastronomie, Weiße Flotte, Tel. 0385/557770.

Mai

Demmin: *Peenefest.* Rummel am Hanseufer mit kulturellen Darbietungen, Sport- und Kinderveranstaltungen.

Sommerwochenendvergnügen auf Fischland und dem Darß: Tonnenabschlagen

Rostock/Warnemünde: *Stromerwachen.* Musik und Folklore zum Saisonauftakt am Alten Strom.

Rostock: *Pfingstmarkt.* Traditionelles Markttreiben.

Teterow: *Hechtfest.* Heimatfest mit Bootskorso und nachgespieltem Schildbürgerstreich.

Juni

Wismar: *Hafenfest.* Hafenspektakel am Alten Hafen und am Lohberg.

Seeheilbad Graal-Müritz: *Rhododendron-Parkfest.* Internationale Rhododendron-Blütenschau.

Bad Doberan: *Sommersonnenwende* und *Historisches Kampffest.* Lagerfeuer, Umzüge und Spektakel.

Stralsund: *Johannimarkt.* Schaustellermarkt auf der nördlichen Hafeninsel.

Juli

Ostseebad Zingst: *Hafenfest.* Buntes Programm mit Tanz und Unterhaltung.

Seebäder Heringsdorf und Ahlbeck auf Usedom: *Sommerfeste.* Kulturelle Veranstaltungen.

Wolgast: *Fischer- und Hafenfest.* Mit Besichtigung der Großsegler, Kulturprogramm für Familien und vielen maritimen Ständen.

Ostseebad Rerik: *Haff-Festtage.* Buntes Treiben und Spektakel auf den Straßen.

Güstrow: *Stadtfest.* Kulturelle Darbietungen mit Artisten, Clowns, Konzerten und Modeschauen.

August

Seeheilbad Graal-Müritz: *Sommerfest.* Veranstaltungen in Stadt und Hafen.

Rostock: *Hanse Sail.* Segelschifftreffen, Regatten und Feste mit Booten aus aller Welt im Stadthafen mit Feuerwerk. Tel. 0381/2085233, Mitsegelservice, Tel. 2085226, Internet: www.hansesail.com.

Rostock: *›Kultur aus dem Hut‹.* Internationales Kleinkunstfestival mit Vorführungen von Gauklern und Straßenkünstlern.

Ostseebad Boltenhagen: *Seebrückenfest.* Neptunschwimmen, Kasperletheater, Strandspiele, Shows, Feuerwerk.

Penzlin: *Burgfest.* Ritterkämpfe und Schausteller in historischer Burgkulisse, Tourist-Information, Museum Alte Burg, Tel. 03962/210064.

Ostseebad Kühlungsborn: *Schippermützenfest.* Hafenfest.

September

Schwerin: *Winzerfest.* Alljährliche Weinverkostung auf dem Marktplatz von Anbietern aus süddeutschen Regionen.

Ostseebad Kühlungsborn: *Herbstfest.* Lampionumzug und Lagerfeuer nach Art eines Erntedankfestes.

Putbus: *Erntefest.* Buntes Programm zum Erntedankfest auf Rügen, Putbus-Information, Tel. 038301/431.

Oktober

Bad Doberan: *Molli-Bahnhofsfest.* ›Schall & Rauch‹, Jazz auf der Schiene, Tel. 038203/4150, Fax 41512.

November

Ummanz bei Rügen: *Bauernball.* Festlicher Bauerntanz mit Tombola, Ummanz-Info, Tel. 038305/53481.

Dezember

Rostock und andere größere und kleinere Städte: *Weihnachtsmärkte.* Rostock veranstaltet einen der größten Weihnachtsmärkte Norddeutschlands.

Klima und Reisezeit

Die klimatischen Verhältnisse der Ostseeküste (bis etwa 25 km weit ins Land hinein) unterscheiden sich von jenen des Binnenlandes.

An der **Küste** weht meist ein ordentlicher Wind, was sich in heißen Sommern natürlich sehr angenehm auswirkt. Das Frühjahr ist gewöhnlich kühl und aufgrund der hohen Luftfeuchtigkeit auch nebelig, hat aber viele milde und regenfreie Tage. Der Jahresdurchschnitt an Niederschlägen liegt hier bei 500–600 mm. Sommer und Herbst präsentieren sich oft sonnig, bisweilen richtig heiß und trocken. Mit beständigen Temperaturen kann die Ostseeküste aber nicht aufwarten, plötzliche Temperatursprünge sind sommers wie winters möglich. Die angenehmsten Badetemperaturen (im Schnitt frische 17 Grad) hat die Ostsee Juli bis September.

Das **Binnenlandklima** unterscheidet sich zwischen eher atlantischem Wetter im Westmecklenburger Land und kontinentalem Klima im Raum der Seenplatte. Auch hier kommt es in Flusstälern und über Seen häufig zu Nebel.

Die **Urlaubssaison** in Mecklenburg beginnt zu Ostern, Anfang April. Da das Land für alle Norddeutschen und Berlin-Brandenburger ein Naherholungsziel ist, sollte an Fest- und Feiertagen wie Ostern, Christi-Himmelfahrt, Pfingsten, Weihnachten und Silvester rechtzeitig gebucht werden. **Landschaftlich reizvoll** wird es ab Mai und Juni, wenn die weiten Rapsfelder knallgelb blühen, kilometerlange Butterblumen-Streifen die Landstraßen säumen und die Baumalleen blühen. Wer einen **Badeurlaub** verbringen möchte, sollte in den Sommerferien kommen. **Wandern** kann man am besten in den Monaten April bis Juni und September bis Anfang November.

Kultur live

Die etablierten Musik- und Theaterfestivals in Mecklenburg-Vorpommern haben mittlerweile einen weit reichenden Ruf, sodass man häufig international renommierte Musiker, Schauspieler und Tänzer erleben kann – nicht selten sogar auf Benefizveranstaltungen zugunsten eines sanierungsbedürftigen Baudenkmals. Daneben gibt es unzählige kleinere Einzelveranstaltungen, die von den Kultur- und Pfarrämtern in Eigenregie organisiert werden. Telefonnummern zur Kartenreservierung sind bei den Fremdenverkehrsämtern [s. Praktische Hinweise] oder den Veranstaltern zu erfahren. Einen detaillierten Terminkalender für kulturelle Veranstaltungen im Raum der Seenplatte bietet die an Kiosken erhältliche Zeitschrift ›Mecklenburgische Seenplatte erleben‹.

März

Neubrandenburg: *Jazzfrühling.* Jazzmusik von Dixieland bis Free, dazu interessante Kunstausstellungen, Tourist-Information, Tel. 0395/19433, Internet: www.jazzfruehling-nb.de.

Mai

Greifswald: *›Nordischer Klang‹.* Nordeuropa-Kulturtage mit Konzerten und Ausstellungen, Greifswald-Information, Tel. 03834/521380, Internet: www.nordischerklang.de.

Juni

Greifswald/Neubrandenburg/Stralsund und andere Orte: *Festspiele Mecklenburg-Vorpommern e. V.* Künstlerisch herausragende Kammer- und Orchesterkonzerte in Schlössern, Scheunen und Kirchen im ganzen Land, Juni – September. *Programm:* Festspiele Mecklenburg-Vorpommern, Graf-Schack-Allee 11, 19053 Schwerin, Programm, Karten, Informationen Tel. 0385/5918585, Fax 5918586, Internet: www.festspiele-mv.de

Verschiedene Orte: *Musiksommer Mecklenburg-Vorpommern.* Klassische Konzerte mit vorwiegend Einheimischen Künstlern von Ende Juni bis Anfang September. Im Rahmen des Musiksommers finden die *Kammermusiktage Schwerin* statt. Musikverein Mecklenburg-Vorpommern e. V., Tel. 0385/512934, Fax 5507312, Internet: www.musiksommer-mv.de.

Greifswald: *Bachwoche.* Konzerte in den Kirchen, Greifswald-Information, Tel. 03834/521380.

Anklam: *Sommer-Musikreihe.* Konzerte in Anklamer Kirchen, bis August, Tel. 03971/835154.

Rügen: *Störtebeker-Festspiele.* Vorstellungen auf der Naturbühne in Ralswiek, Ende Juni bis Ende August Mo–Sa 20 Uhr, Kartenbestellung Tel. 03838/31100, Fax 313192, Internet: www.stoertebeker.de.

Juli

Güstrow: *Orgeltage.* Traditionsreiche musikalische Veranstaltungsreihe mit internationaler Besetzung im Dom,

Domgemeinde Güstrow, Tel. 03843/682433.

Greifswald: *Eldenaer Jazz Evenings.* Internationales Jazz-Festival vor der Kulisse der Klosterruine Eldena, Greifswald-Information, Tel. 03834/521380.

Ribnitz-Damgarten: *Internationales Folklorefest.* Tanzauftritte von Ensembles aus aller Welt, Mecklenburg-Pommeraner Folklore-Ensemble R. Wossidlo, Tel. 03821/812311.

Rostock: *Internationaler Musikantentreff Ostsee.* Musikanten aus aller Herren Länder versammeln sich im Volkstheater, Tourismuszentrale Rostock & Warnemünde, Tel. 0381/3812222.

September

Usedom: *Usedomer Musikfestival.* Klassik- und Jazz-Konzerte mit namhaften Ensembles und jungen Weltklassesolisten, bis Oktober, Festivalbüro im Seebad Heringsdorf, Tel. 038378/34647, Internet: www.usedomer-musikfestival.de.

Kuren

Das frische mecklenburgische Klima, die gute Luft und die Ruhe sind ideal zur Erholung und zum Auskurieren von Krankheiten. Die Ostseebäder mit ihrer jod- und salzhaltigen **Seeluft** sind bekannt für ihr Reizklima. Hier sind 75 % der Winde reine Seewinde, die ein typisches Inselklima bewirken. Die Verbindung von Wasser, Wald und Seeluft optimieren die Harmonie der körpereigenen Heilkräfte. Angeboten werden ambulante Vorsorgekuren und Rehabilitationskuren für Kinder und Erwachsene. Folgendes kann behandelt werden: Erkrankungen der Atemwege, des Bewegungsapparates, der Haut, Herz- und Kreislauferkrankungen, Verdauungs- und Stoffwechselstörungen, allgemeine Erschöpfungszustände. Detaillierte Informationen, auch über begleitende Behandlungen wie Massagen, Bach-Blüten, autogenes Training, Heilgymnastik, Akupunktur und Ernährungsberatung, geben die **Kurverwaltungen** der Ostseebäder.

In Kurorten wird gemäß der Kurabgabeordnung eine **Kurtaxe** von etwa 1–2 € pro Tag und Person erhoben. Sie dient zur Erhaltung und Verbesserung des Strandes, der Grünanlagen, der Promenade und der sportlichen und kulturellen Betreuung. Die Bezahlung erfolgt beim Gastgeber oder der Kurverwaltung, unabhängig davon, ob die Erholungseinrichtungen genutzt werden oder nicht. Die Kurtaxe beinhaltet eine Ermäßigung bei kommunalen Veranstaltungen, kostenlose **Kurkonzerte** und das Baden an bewachten Stränden.

Nationalparks und Naturparks

Die Natur zeigt sich in Mecklenburg-Vorpommern von ihrer schönsten Seite, damit dies so bleibt, sind über 19 % der Landesfläche als Großschutzgebiete ausgewiesen.

Nationalparks

Vorpommersche Boddenlandschaft (Born/Darß, Tel. 038234/5020)

Rügen (Lancken-Granitz, Tel. 038303/8850)

Müritz (Hohenzieritz, Tel. 039824/2520).

Naturparks

Usedom (Korswandt, Tel. 038378/31913)

Feldberger Seenlandschaft (Feldberg, Tel. 039831/52780)

Nossentiner/Schwinzer Heide (Karow, Tel. 038738/70292)

Schaalsee (Zarrentin, Tel. 038851/3020)

Mecklenburgisches Elbetal (Boizenburg, Tel. 038847/50335)

Mecklenburgische Schweiz und Kummerower See (Remplin, Tel. 03994/210603).

Übergeordnete Aufgaben nimmt das dem Umweltministerium unterstehende

Vielfalt der Seevögel – Schutz tut not

Landesamt für Forsten und Großschutzgebiete (Fritz-Reuter-Platz 9, 17139 Malchin, Tel. 03994/2350, Fax 235199) wahr.

Kleinere lokale Untergruppen sind die unzähligen Naturschutz- und Landschaftsschutzgebiete, über deren geologische und biologische Besonderheiten die jeweiligen Fremdenverkehrsämter meist Informationsmaterial bereithalten. Alle Ämter organisieren geführte Wanderungen (auch per Fahrrad) durch das jeweilige Gebiet.

Sport

Angeln

Naturgemäß zieht die Seenplatte mit ihren vielen fischreichen Gewässern Angler an – und so ganz nebenbei haben Petrijünger hier auch noch die schönsten Naturerlebnisse. Angelscheine sind in allen Sportgeschäften mit Wassersportartikeln erhältlich. Dabei muss jedoch ein gültiger Fischereischein vorgelegt werden. Am häufigsten gehen hier Aale, Barsche, Hechte, Karauschen, Karpfen, Maränen, Schleien und Zander an die Angel. Beim zuständigen Fischereimeister kann man sich über Schonzeiten, Mindestmaße und Fangbeschränkungen informieren.

Baden

Mecklenburg-Vorpommern ist – ohne Übertreibung – das reinste Badeparadies. Die Küste wie auch manche Seen haben lange, flache Ufer, sodass das Baden angenehm und auch für Kinder, die noch nicht schwimmen können, ungefährlich ist. An den Ostseestränden ist die **Sicherheit** überall durch die DLRG gewährleistet. Was die **Wasserqualität** betrifft, gelten seit der Wende auch für Mecklenburg-Vorpommern die EG-Richtlinien. Das Landeshygiene-Institut und auch die örtlichen Gesundheitsämter nehmen in der Saison alle zwei Wochen Wasserproben. Wer Genaueres wissen möchte, kann die bakteriologischen Werte jedes beliebigen Badesees bei den Gesundheitsämtern in Erfahrung bringen. Der **Sommerservice** des ADAC informiert ebenfalls über die Gewässerqualität [s. S. 129].

Die Möglichkeit zum **Nacktbaden** hat man überall. In den Ostseebädern sind Textil- und FKK-Strände gesondert ausgewiesen. Im Raum der Seenplatte wird das weniger reglementiert gehandhabt. Viele kleine Seen liegen so abgeschieden und menschenfern, dass FKK dort niemanden stört.

Fahrradfahren

Mit Ausnahme des leicht hügeligen Klützer Winkels nördlich von Grevesmühlen, der Mecklenburgischen Schweiz um Malchin und Teterow herum oder die Gegend um Woldegk im Südostraum der Seenplatte ist Mecklenburg ein flaches Land und zum Radfahren daher ganz besonders gut geeignet. Da viele Wege über holpriges Straßenpflaster oder sandigen Grund führen, ist ein Trekking-Rad oder zumindest ein Fahrrad mit etwas breiteren Reifen anzuraten.

Wem die Anreise mit dem eigenen Drahtesel zu beschwerlich ist, der sollte vor Ort im Hotel oder bei Fahrradhändlern nach Leihrädern fragen.

Informationen: Karten, Unterkunftstipps, Tourenratschläge und vieles mehr geben folgende Stellen:

ADFC-Informationsstelle Fahrradtourismus Mecklenburg-Vorpommern, Lange Str. 14, 17489 Greifswald, Tel. 03834/897412, Fax 894523

Die Mecklenburger Radtour, Zunststr. 4, 18437 Stralsund, Tel. 03831/280220, Fax 280219

Reiten

Schon immer spielten Pferde in Mecklenburg eine ganz besondere Rolle. Nicht umsonst gibt es hier in Ganschow und in Redefin [s. S. 121] zwei staatliche Pferdegestüte. Dementsprechend viele Reiterhöfe wurden in den letzten Jahren modernisiert, und immer noch kommen etliche hinzu. Die meisten Anlagen sind relativ neu und schließen daher Pferde-

Reitausflug am Strand von Binz auf Rügen

Kein Mangel an Wassersportmöglichkeiten

boxen, Reithallen und Abreit- oder Springplätze mit ein.

Ende Juli finden die Renntage in **Bad Doberan** auf der ältesten Galopprennbahn Deutschlands statt, Rennverein Bad Doberan, Tel. 038203/62200. Im August gibt es ein Schauprogramm auf dem Fohlenhof **Gestüt Ganschow** bei Güstrow (Reit- und Dressurvorführungen, Geschicklichkeitsfahren), Tel. 038458/20226.

Redefin: Die Redefiner Hengstparade (Reit- und Dressurvorführungen) findet im September bei Hagenow an drei Wochenenden im **Landgestüt Redefin** statt, Tel. 038854/62 00 oder 6 20 13.

Segeln

An der Ostseeküste, besonders in den Boddenlandschaften um Rügen, Hiddensee und Fischland/Darß/Zingst, sowie den größeren Seen im Binnenland sind in den letzten Jahren attraktive Segelhäfen, Surf- und Tauchstationen entstanden. Viele Segelschulen bieten mittlerweile Kurse zum Erwerb von **Segel- und Bootsführerscheinen** während des Urlaubs an. Adressen der Anbieter erfährt man beim **Deutschen Segler-Verband**, Gründgensstr. 18, 22309 Hamburg, Tel. 040/6320090.

Die Städte der Küstenregion veranstalten jedes Jahr zu festen Terminen **Messen, Regatten und Feste** rund ums Segeln. Die Anmeldung erfolgt, wenn nicht anders angegeben, jeweils über die Kurverwaltungen oder Fremdenverkehrsämter am Ort [s. Praktische Hinweise].

Mai

Ostseebad Rerik: *Pfingstregatta.* Segelregatta auf dem Salzhaff.

Juni

Stralsund: *Segelwoche.* Internationaler Segelwettbewerb mit kultureller Umrahmung, Stralsund-Information, Tel. 03831/24690, Internet: www.stralsunder-segelwoche.de.

Rügen: *Segelregatta.* Regatta rund um die Insel Vilm, Putbus-Information, Tel. 038301/431.

Juli

Greifswald: *Fischerfest und Gaffelrigg.* Internationales Treffen von gaffelbetakelten Traditionsseglern, Greifswald-Information, Tel. 03834/521380.

Rostock/Warnemünde: *Warnemünder Woche.* Internationaler Segelwettbewerb für 16 Bootsklassen, drittgrößte deutsche Seglerveranstaltung, Warnemünder Woche GmbH, Tel. 0381/52340, Internet: www.warnemuender-woche.com.

Barth: *Segel- und Hafentage.* Internationale Seglermeisterschaften, dazu Livekonzerte, Ballonfahrten, Flugvorführungen, Lasershows, Tourist-Information, Tel. 038231/2464.

August

Rostock: *Baltic Sail.* Internationale Regatta über fünf Ostseestädte erreicht Rostock im Rahmen der *Hanse Sail.*

September

Bodstedt: *Zeesbootregatta.* Segelwettbewerb der Zeesboote mit ehem. Fischereisegelbooten am ersten Septemberwochenende, Fr/Sa Mitfahrmöglichkeit, Information, Tel. 038231/4414.

Wassersport

In Mecklenburg-Vorpommern kann man vom Schlauchboot über Surfbretter, Kanus, Paddelboote, Kajaks und Motorboote bis hin zu bequemeren Hausbooten alles leihen, manche Hotels unterhalten sogar eigene Boote für ihre Gäste. Da viele Gewässer unter Naturschutz stehen, sollte man grundsätzlich rücksichtsvoll mit der Tier- und Pflanzenwelt umgehen. Märchenhafte Wasser-Wandertouren mit organisierter Übernachtung und Lagerfeuerromantik vermittelt Biber-Tours (Diemitzer Schleuse 5, 17252 Diemitz, Tel. 039827/30011).

Wer an einem der bunten Hafenfeste oder traditionellen Wassersportspektakeln teilnehmen möchte, sei an folgende **Veranstaltungen** verwiesen:

März

Rostock: *Internationaler Springertag.* Traditionelles Wasserskispringen, Tel. 0381/19433, Internet: www.internationaler-springertag-rostock.de.

Juli

Rostock / Warnemünde: *Sommerfesttage.* Hafenfest mit historischem Festumzug, dem sog. Warneminner Umgang, Tourist-Information Warnemünde, Tel. 0381/548000.

Fischland-Darß-Zingst: *Tonnenabschlagen.* Wettbewerb um den Titel ›Tonnenkönig‹ an verschiedenen Wochenenden in den Orten Ahrenshoop, Prerow und Wustrow, Tourismusverband Fischland-Darß-Zingst, Barther Str. 31, Löbnitz, Tel. 038324/6400.

Statistik

Lage: Mecklenburg-Vorpommern wird im Norden von der Ostsee, im Süden von Brandenburg, im Westen von Schleswig-Holstein und Niedersachsen und im Osten von Polen begrenzt. Seine Landschaft gliedert sich in die Regionen der Ostseeküste, die leicht hügelige Mecklenburgische Schweiz, die südwestmecklenburgischen Sander, die wasserreiche Seenplatte, die Elbtalniederung und die Ueckermünder Heide.

Fläche: Mit einer Fläche von 23170 km^2 ist Mecklenburg-Vorpommern das sechstgrößte deutsche Bundesland.

Seen und Gewässer: 25% aller deutschen Seen liegen in Mecklenburg-Vorpommern. Die größten Binnenseen sind hier die Müritz (116,8 km^2), der Schweriner See (60,6 km^2), der Plauer See (38 km^2) und der Kummerower See (32,2 km^2). Die größten Flüsse sind die Warnow, die Peene, die Elbe und die Uecker.

Verwaltung: Seit 1993 ist Mecklenburg-Vorpommern in 12 Landkreise (1080 Gemeinden) und 6 kreisfreie Städte (Schwerin, Wismar, Rostock, Neubrandenburg, Greifswald und Stralsund) untergliedert.

Landeshauptstadt: Schwerin

Wirtschaft: Größter Wirtschaftsbereich ist das produzierende Gewerbe (32,4%), gefolgt vom Dienstleistungsgewerbe (26%). Kleinster Wirtschaftsbereich ist die Land- und Forstwirtschaft mit der Fischerei (3,3%). Die Bereiche ›Dienstleistungen‹ und ›Handel und Verkehr‹ erbringen zusammen 41% des mecklenburg-vorpommerschen Bruttosozialproduktes. Eine immer größere Rolle spielt dabei der Fremdenverkehr. 2002 zählte der Tourismusverband Mecklenburg-Vorpommern rund 21 Mio. Übernachtungen. Den größten Umsatz in der Industrie erbringen der Bergbau und das verarbeitende Gewerbe, davon nimmt allein der Schiffbau in den Werften 25% ein.

Einwohner (2003): 1,767 Mio. Mit 76 Einwohnern pro km^2 ist Mecklenburg-Vorpommern das am dünnsten besiedelte Bundesland.

Unterkunft

Bauernhöfe

Für Familien mit Kindern bietet sich ein Urlaub auf dem Bauernhof an. Eine Broschüre mit Anschriften und allen Informationen verschickt die Arbeitsgemeinschaft **Urlaub und Freizeit auf dem Lande e.V.**, Griebnitzer Weg 2, 18196 Dummerstorf, Tel. 038208/60672, Fax 13645.

Camping

Trotz einiger viel beachteter Gewalttätigkeiten von Jugendlichen – es handelt sich um Ausnahmen – gilt Mecklenburg-Vorpommern nach wie vor als Traumland aller Camper. Viele Plätze liegen wunderschön am Wasser und haben oft einen eigenen Strand. Über die Ausstattung sollte man sich vorher genau informieren, sie ist noch sehr unterschiedlich, wird insgesamt aber immer besser. Die Adressen der Campingplätze mit Übersichtskarte und Standardverzeichnis verschicken die **Camping- und Freizeitbetriebe Mecklenburg-Vorpommern e.V.**, Platz der Freundschaft 1, 18059 Rostock, Tel. 0381/4034855, Internet: www.camping-caravan-mv.de.

Eine detaillierte Beschreibung geprüfter Campingplätze bietet der jährlich erscheinende **ADAC Camping-Caravaning-Führer** (Band Deutschland Nordeuropa) (auch als CD-Rom erhältlich).

Hotels und Gasthöfe

Nach den Anlaufschwierigkeiten der ersten Jahre nach der Wende hat sich in Mecklenburg mittlerweile ein dichtes Netz neu erbauter oder renovierter Hotels und Gasthöfe herausgebildet. Von der stilvoll möblierten Luxussuite mit Edelrestaurant und hauseigenem Beauty-Center bis zur einfachen Bettstatt mit Dusche auf dem Flur ist hier alles zu haben. Leider ist zu beobachten, dass gerade in der mittleren Kategorie das Preis/Leistungsverhältnis häufig noch nicht stimmt. Wer hier unzufrieden ist, sollte das auch freundlich sagen. Mehr oder weniger ausführliche Gastgeberverzeichnisse, die auch immer Privatunterkünfte und Ferienhäuser anführen, verschicken die Fremdenverkehrsämter der einzelnen Orte [s. Praktische Hinweise].

Jugendherbergen

Derzeit gibt es 30 Jugendherbergen im ganzen Land. Eine Übernachtung kostet je nach Kategorie (Frühstück oder Vollpension, Junior oder Senior, Bett oder Zelt) zwischen 12 und 19 €. Ein Faltblatt mit allen Adressen und Fotos der einzelnen Einrichtungen verschickt auf Anfrage das **Deutsche Jugendherbergswerk e. V.**, Landesverband Mecklenburg-Vorpommern, Postfach 16 12 61, 18025 Rostock, Tel. 03 81 / 77 66 70, Fax 7 69 86 82, Internet: www.djh-mv.de.

Verkehrsmittel im Land

Bus und Bahn

Die innerstädtischen Verkehrsnetze mittlerer und großer Städte sind meist zufriedenstellend ausgebaut. Von ihnen aus führen die öffentlichen Verkehrsmittel auch in kleinere Nachbarstädte. Nur wer so richtig in die Provinz, zum Baden an einen einsamen See oder zur Besichtigung eines entlegenen Dorfkirchleins will, kommt in der Regel nicht ohne Auto aus oder muss einen längeren Fußmarsch in Kauf nehmen.

Mietwagen

Mietwagen gibt es in den Städten und größeren Orten. Für Mitglieder bietet die **ADAC-Autovermietung GmbH** günstige Bedingungen (Buchungen über Tel. 0 18 05 / 31 81 81 (0,12 €/Min.) oder die ADAC-Geschäftsstellen).

Schiff

An der Küste pendeln regelmäßig Schiffe zwischen den Seebrücken der einzelnen Bäderorte hin und her, so dass man ein richtiges Sightseeing über Wasser machen kann. Fährverbindungen bestehen auch nach Schleswig-Holstein und zu den Städten ausländischer Ostsee-Anrainerstaaten wie Dänemark, Schweden und Litauen. Auch im Binnenland kann man ganze Stunden auf den Schiffen der Weißen Flotte verbringen, die in allen größeren Städten Stützpunkte unterhält.

Hier einige **wichtige Verbindungen**:

Vom Ostseebad Boltenhagen nach *Grömitz, Travemünde* oder *Insel Poel* per Bäderschiff von der Seebrücke (ohne Autos), Tel. 03 88 25/92 48.

Von Rostock-Überseehafen nach *Trelleborg*/Schweden und *Gedser*/ Dänemark: Scandlines, Fährcenter Rostock, Tel. 03 81/6 73 12 15, Internet: www.scandlines.de.

Von Rostock-Überseehafen nach *Liepaja*/Lettland, LKW-Fähre mit Mitfahrmöglichkeit, Scandlines Euro Seabridge, Tel. 03 81/5 43 53 09.

Von Stralsund nach *Hiddensee* und *Altefähr*/Rügen oder von Schaprode nach *Hiddensee* per Fahrgastschiff (ohne Auto): Weiße Flotte, Tel. 0 18 03/ 3 21 21 20, Internet: www.weisse-flotte.de.

Von Sassnitz/Rügen nach *Trelleborg*/ Schweden (Autofähre): Scandlines, Tel. 03 83 92/6 41 80, Internet: www.scandlines.de.

Blauer Himmel, blaues Meer: Was will man mehr?

Register

Bildnachweis

Archiv Bernsteinmuseum Ribnitz-Damgarten: 48 oben – *Archiv für Kunst und Geschichte, Berlin* : 40 – *Badewannenverein Plau am See e. V.*: 105 – *Reinhard Balzerek, Schwerin*: 9 unten rechts, 49, 52, 94/95, 101 oben, 116, 120, 137 – *Dieter Blase, Steinfurt*: 11 unten, 12, 16/17, 24, 25, 26, 28, 29, 30, 33 oben, 46, 47, 56 unten, 57, 61 unten, 71 (2), 72, 77, 79, 81, 82 unten, 87 (2), 88, 90, 91, 96 unten, 98, 99, 104 oben, 108 (2), 110/111, 114 oben, 117, 118, 121, 122 (2), 123 unten, 126 unten, 135, 139 – *Bildarchiv Fritz Dressler, Worpswede:* 8 oben rechts, 10 oben, 31, 32, 58/59, 59 unten, 62, 65, 68, 74, 82 oben, 115 oben, 125 oben – *Ralf Freyer, Freiburg*: 23, 55, 61 oben, 103 – *Barbara v. Girard, München*: 63 unten – *Bildagentur Huber, Garmisch-Partenkirchen*: 8 oben links, 54 (R. Schmid), 97 unten (F. Damm) – *Gerhart-Hauptmann-Gedenkstätte, Kloster/Hiddensee:* 67 unten – *Foto Hübner, Ostseebad Wustrow:* 48 unten, 50 oben, 133 – *Kulturhistorisches Museum der Hansestadt Stralsund*: 67 oben – *laif, Köln*: 75 oben, 76, 128 Mitte rechts, 128 unten (Kirchner), 96, 97 oben (F. Zanettini) – *LOOK, München*: 7 oben, 11 oben (Hauke Dressler), 70 (Markus Bullik), 136 (Konrad Wothe) – *MC Bergring Teterow e. V.*: 84 – *Gerhard P. Müller, Dortmund*: 6/7 unten, 7 unten, 8/9 unten, 9 oben, 21, 34, 37, 42 unten, 42/43, 51, 60, 64 oben, 92, 100, 113 unten, 124, 128 oben, 131 – *Werner Neumeister, München*: 33 unten, 126/127 oben – *Museum der Stadt Neustrelitz*: 13 – *Otto-Lilienthal-Museum, Anklam*: 78 (Ripke) – *Christiane Petri*: 75 unten, 80, 89, 101 unten, 104 unten, 107 unten, 115 unten, 119, 127 unten, 128 Mitte links – *Schloß Groß Plasten*: 102 unten – *Carolin S. Schmitt/edition VASCO*: 10 unten, 18/19, 39, 44, 45 oben, 50 unten, 69 oben, 83, 107 oben, 113 oben – *SILVESTRIS, Kastl*: 35 (Rosing), 38 (Heine), 41 (Klose), 45 unten (Klose), 64 unten (Klose), 73 (Becker), 93 (Rosing), 102 oben (W. Buchhorn), 123 oben (Justus de Cuveland) – *Staatliches Museum Schwerin*: 114 unten (Sandig), 125 unten (E. Walford) – *Stadtgeschichtliches Museum ›Schabbellhaus‹, Hansestadt Wismar*: 22 – *Störtebeker Festspiele, Ralswiek*: 63 oben – *Süddeutscher Verlag – Bilderdienst, München*: 14 unten, 15 – *Klaus Thiele, Warburg*: 85, 86